쇼펜하우어가 말하는

이렇게 살아도 괜찮다

Arthur Schopenhauer

외로움은 고통이지만 고독은 힘이다

쇼펜하우어가 말하는,

이렇게 살아도 괜찮다

쇼펜하우어 원저
민유하, 제이한 공저

- 목 차 -

들어가는 글 당신의 삶은 이미 충분히 괜찮다 - 9

1장 | 혼자만의 시간
삶을 깊게 만드는 고독의 기술 - 13

1부 | 왜 혼자 있는 것이 중요한가 - 15
혼자 있지 못하는 현대인의 불안 / 쇼펜하우어가 바라본 고독의 가치 / 고독과 행복의 상관관계
* 쇼펜하우어에게 배우는 삶의 자세

2부 | 혼자일 때 비로소 보이는 것들 - 23
고독을 두려워하는 이유 / 혼자 있을 때 발견하는 진짜 나의 모습 / 자기 성찰을 위한 혼자의 기술 / 고독이 주는 창조적 영감 / 혼자만의 공간을 만드는 법
* 쇼펜하우어에게 배우는 삶의 자세

3부 | 고독과 외로움, 그 미묘한 차이 - 35
외로움은 고통이지만 고독은 힘이다 / 외로움을 극복하는 고독 활용법 / 외로움을 긍정적으로 바꾸는 방법 / 고독을 통해 얻는 정신적 자유
* 쇼펜하우어에게 배우는 삶의 자세

4부 | 고독과 연결의 균형 잡기 - 46

고독 속에서도 타인과 연결될 수 있을까 / 내면의 중심을 지키며 타인과 연결되는 법 / 혼자 있는 시간과 사회적 삶의 균형 찾기 / 내 중심을 유지하며 타인과 소통하기

* 쇼펜하우어에게 배우는 삶의 자세

2장 | 적당히 사는 지혜

욕망과 현실 사이에서 균형 잡기 - 59

1부 | 욕망의 본질과 인간의 불행 - 61

욕망은 왜 끝없이 자라는가? / 욕망 충족 후 찾아오는 공허함 / 욕망을 따라 사는 삶의 문제점 / 쇼펜하우어가 본 욕망의 실체

* 쇼펜하우어에게 배우는 삶의 자세

2부 | 적당한 욕망이 주는 삶의 안정감 - 72

지나친 욕망이 불행한 이유 / 욕망을 내려놓으면 얻는 것들 / 지나친 완벽주의에서 벗어나기 / 삶을 단순화하는 실천법

* 쇼펜하우어에게 배우는 삶의 자세

3부 | 타인의 인정에서 자유로워지기 - 84

타인의 시선이 만든 욕망 / 인정 욕구가 삶을 힘들게 하는 이유 / 타인의 기대에서 벗어나 자신으로 사는 법 / 나만의 기준으로 만족하기

* 쇼펜하우어에게 배우는 삶의 자세

4부 | 인생을 '적당히' 살기 위한 쇼펜하우어의 조언 - 96

만족을 아는 삶이 행복하다 / 현실과 기대 사이에서 균형 잡기 / '이만하면 충분하다'는 삶의 기술 / 무리하지 않고 삶을 즐기는 법

* 쇼펜하우어에게 배우는 삶의 자세

3장 | 인생 후반전을 위한 지혜
나이 들수록 삶은 더 선명해진다 - 111

1부 | 젊음과 나이의 진정한 의미 - 113
젊음이 놓친 삶의 본질 / 나이가 들어야 깨닫는 진짜 가치 / 쇼펜하우어가 말하는 나이가 들어가는것의 축복 / 나이를 받아들이는 태도
* 쇼펜하우어에게 배우는 삶의 자세

2부 | 내려놓아야 비로소 보이는 것들 - 125
젊음의 집착에서 벗어나기 / 나이가 들면 중요해지는 것들 / 인생 후반에 찾아오는 새로운 의미 / 불필요한 것에서 벗어나는 지혜
* 쇼펜하우어에게 배우는 삶의 자세

3부 | 인생 후반전을 새롭게 설계하라 - 137
나이를 먹어도 성장하는 법 / 인생 후반부의 삶을 재구성하는 방법 / 나이가 들어도 꿈을 잃지 않는 법 / 삶의 두 번째 기회를 맞이하는 법
* 쇼펜하우어에게 배우는 삶의 자세

4부 | 삶의 지혜를 나누는 법 - 149
경험을 지혜로 바꾸는 기술 / 후배 세대와 소통하는 법 / 인생 후반을 의미 있게 살아가는 법 / 나이를 지혜와 품위로 채우는 법
* 쇼펜하우어에게 배우는 삶의 자세

4장 | 예민한 사람을 위한 삶의 기술

섬세한 사람이 행복하게 살아가는 법 - 163

1부 | 예민함이 고통이 되는 이유 - 165
예민한 사람이 세상을 힘들게 느끼는 이유 / 섬세한 감각이 삶에 미치는 영향 / 예민함을 부정하지 말고 이해하기 / 민감한 감정을 있는 그대로 인정하기
* 쇼펜하우어에게 배우는 삶의 자세

2부 | 예민함을 장점으로 바꾸는 기술 - 177
감수성으로 세상을 풍부하게 느끼는 법 / 섬세함을 창조성으로 승화시키기 / 예민함을 자기 성장의 기회로 활용하기 / 민감한 성향을 자신만의 무기로 만들기
* 쇼펜하우어에게 배우는 삶의 자세

3부 | 상처받지 않고 타인과 공존하기 - 188
타인의 말과 행동에 덜 휘둘리는 법 / 감정의 경계를 설정하는 법 / 타인과의 관계에서 자기 보호법 / 예민한 사람이 현명하게 거절하는 법
* 쇼펜하우어에게 배우는 삶의 자세

4부 | 쇼펜하우어가 말하는 내면의 평화 - 199
예민한 사람들이 반드시 가져야 할 마음가짐 / 예술과 자연을 통한 마음의 평온 찾기 / 감정의 파도를 잠재우는 내적 훈련 / 자기 자신과 화해하며 살아가는 법
* 쇼펜하우어에게 배우는 삶의 자세

에필로그 있는 그대로의 나로 살아간다는 것 - 209

들어가며

당신의 삶은 이미 충분히 괜찮다

우리는 너무 자주 자신의 삶을 의심합니다. 오늘 하루도 열심히 살아냈지만, 누군가와 비교하며 스스로에게 더 많은 것을 요구하고, 더 높은 기준을 세우며 불안을 키웁니다. 세상은 끊임없이 우리에게 더 완벽한 모습, 더 큰 성공, 더 나은 관계를 요구하는 것처럼 보입니다. 그러나 쇼펜하우어는 이런 우리에게 다정하게 말합니다. 진정한 행복이란 욕망과 성취의 크기가 아니라 자신을 있는 그대로 받아들이고 내면의 평화를 찾는 데 있다고 말입니다.

쇼펜하우어는 *"우리가 진정으로 소유할 수 있는 유일한 것은 자신이다"* 라고 강조했습니다. 세상의 인정과 타인의 기준에 나를 맞추는 순간 우리는 자기 자신을 잃고 타인의 삶을 대신 살게 됩니다. 그래서 쇼펜하우어는 우리가 자신을 있는 그대로 받아들이는 법 그리고 삶의 고요함 속에서 내면의 힘을 발견할 것을 권합니다.

이 책은 쇼펜하우어의 철학을 현대인의 삶에 맞게 재해석하여, 혼자 있는 시간의 힘, 적당히 살아가는 법, 인생 후반전에 비로소 깨닫게 되는 지혜, 그리고 예민한 성격과 어떻게 조화롭게 살아갈 수 있는지를 안내합니다. 모든 이야기는 결국 하나의 메시지로 연결됩니다. 바로 '이렇게 살아도 괜찮다'는 것입니다.

　이 책을 통해 우리는 끊임없이 무언가를 이루어야만 가치가 있다고 생각했던 삶의 습관을 멈추고, 내가 가진 것, 내가 처한 현실, 지금의 나 자신을 충분히 괜찮다고 받아들이는 방법을 배우게 될 것입니다. 쇼펜하우어의 철학을 길잡이 삼아 이제는 더 이상 나 자신과 싸우지 않고 있는 그대로의 내 삶을 사랑할 수 있는 힘을 찾을 시간입니다. 당신의 삶에 평화와 위로가 깃들기를 진심으로 바랍니다.

제1장

혼자만의 시간

"혼자 있는 시간은 인간이 자신과 진정으로
마주할 수 있는 가장 귀한 순간이며,
삶을 깊고 충만하게 만드는 출발점이다."

- 삶을 깊게 만드는 고독의 기술 -

현대인은 혼자 있는 시간을 어떻게 받아들이고 있을까? 잠시의 고요도 불편하게 느껴지고 혼자라는 사실만으로도 외로움이나 초조함이 밀려드는 시대다. 우리는 늘 연결되어 있고 무언가를 해야 한다는 압박 속에서 살아간다. 그 속에서 '혼자 있는 시간'은 점점 사라져간다. 그러나 쇼펜하우어는 전혀 다른 이야기를 들려준다.

"혼자 있는 시간은 인간이 자신과 진정으로 마주할 수 있는 가장 귀한 순간이며, 삶을 깊고 충만하게 만드는 출발점이다."

쇼펜하우어에게 고독은 단지 고립이 아니다. 그것은 타인의 시선에서 벗어나 오롯이 자기 자신에게 집중할 수 있는 가장 순수한 상태다. 혼자 있는 고요한 시간 속에서만 우리는 삶의 방향을 다시 설정하고, 억눌러 있던 감정과 욕망, 창조적 에너지를 되찾을 수 있다. 혼자 있는 것이 고통이 되는 이유는 외로움 때문이 아니라 자신과 마주하는 것을 두려워하기 때문이다. 고독을 불편하게 여기는 사람일수록 스스로를 진정으로 이해하지 못한 채 살아가고 있을 가능성이 높다.

그렇다면 어떻게 해야 혼자 있는 시간을 무기력이나 외로움이 아닌 '내면을 만나는 시간'으로 바꿀 수 있을까? 고독의 시간을 외로움으로 착각하지 않고 오히려 삶의 중심을 찾는 도구로 활용하는 방법은 무엇일까? 또 혼자만의 공간을 어떻게 마련하고 그 시간을 어떻게 꾸준히 지속해 나갈 수 있을까?

이제 펼쳐질 1장에서는 이러한 질문들에 대해 쇼펜하우어가 들려주는 깊고 날카로운 통찰을 만나게 될 것이다. 혼자 있는 시간이 결코 쓸쓸한 시간이 아님을, 오히려 그것이야말로 자기 자신과 진정으로 연결되는 가장 강력한 시간임을, 그리고 삶을 더 깊고 충만하게 만드는 기회임을 새롭게 발견하게 될 것이다.

이제 쇼펜하우어와 함께 혼자만의 시간을 다시 바라보는 지혜로운 여정을 시작해보자. 이 여정은 삶의 방향을 바꾸는 가장 단단한 발걸음이 될 것이다.

1부

왜 혼자 있는 것이 중요한가

혼자 있지 못하는 현대인의 불안

현대인은 점점 더 혼자 있는 법을 잃어가고 있다. 바쁜 도시의 거리와 사람들로 붐비는 카페를 떠올려보면 쉽게 알 수 있다. 많은 이들이 혼자 앉아 있지만 실상은 스마트폰을 들여다보거나 끊임없이 무언가를 하고 있다. 지하철이나 버스에서, 길을 걷거나 잠시 쉬는 순간에도 우리는 SNS를 확인하거나 누군가와 소통하지 않으면 불안해한다. 외부 세계와 연결되지 못한 채 오롯이 혼자 있게 될 때 현대인은 이상할 정도로 견디기 어려워한다.

이는 현대인 특유의 '혼자 있음에 대한 불안' 때문이다. 이 불안은 세상에 뒤처지거나 타인으로부터 잊힐지 모른다는 두려움에서 비롯된다. 오늘날 우리는 언제나 연결 상태를 유지하며 살아간다. 온라인을 통해 사람들과 연결되어 있다는 사실이 주는 안정감에 익숙해진 나머지 오히려 혼자가 되는 순간 두려움과 공허함이 몰려오는 것이다.

쇼펜하우어는 인간은 홀로 있을 때 비로소 진정한 자기 자신을 마주할 수 있다고 말한다. 그러나 현대인은 혼자 있게 되면 자신과 마주할 수밖에 없기에 더욱 불안해한다. 혼자 있는 시간이 길어질수록 우리는 자기도 모르게 내면 깊은 곳에서 불편한 질문들과 마주하게 된다. "**내가 진정으로 원하는 것은 무엇인가?**", "**나는 잘 살고 있는가?**", "**다른 사람들보다 뒤처진 것은 아닐까?**" 이러한 생각들이 떠오르고 이를 피하기 위해 다시 외부 세계와의 연결을 찾아 나서게 된다.

현대인의 불안은 결국 자기 자신과의 소통 부족에서 비롯된다. 끊임없이 타인과 연결되어 있으려는 강박적 습관은 진짜 자기 자신과의 거리를 더욱 멀어지게 만든다. 그 결과 스스로 무엇을 원하고, 어떤 삶을 살아야 행복한지를 놓친 채, 끝없이 외부의 자극에 휘둘리는 삶을 반복하게 된다. 더 나아가 혼자 있는 것이 불편하다는 이유만으로 억지로 사람을 만나거나 무의미한 일로 시간을 채우게 된다. 그러나 이는 자기 내면에서 일어나는 본질적 갈등을 잠시 미뤄두는 것에 불과하다. 혼자 있는 시간을 견딜 수 없다는 것은 결국 자기 자신을 견딜 수 없다는 의미이며, 장기적으로는 내적 불안과 공허함을 키우는 악순환을 초래한다.

쇼펜하우어는 이러한 현대인의 불안에 대해 분명한 해법을 제시한다. 그는 혼자 있는 것을 두려워하지 말고 오히려 적극적으로 고독의 힘을 발견하라고 권유한다. 혼자 있는 시간은 자신과의 솔직한 대화를 통해 내면을 깊이 들여다보게 해주는 소중한 기회다. 혼자 있는 시간이 불편하고 두려운 현대인에게 필요한 것은 자기 자신과의 관계를 회복하는 일이다. 그것이야말로 쇼펜하우어가 강조하는 진정한 행복과 평화에 이르는 첫걸음이다.

쇼펜하우어가 바라본 고독의 가치

혼자 있는 것을 힘들어하는 현대인과 달리 쇼펜하우어는 고독을 삶에 반드시 필요한 가치이자 축복으로 보았다. 그는 인간의 삶을 깊이 들여다볼수록 혼자만의 시간이 가져다주는 힘과 가치가 더욱 분명해진다고 강조한다.

"자신과 잘 지낼 수 없는 사람은 결코 진정으로 행복해질 수 없다. 혼자 있을 수 있는 능력이야말로 행복의 확실한 원천이다."

쇼펜하우어는 고독을 단순한 단절이나 외로움이 아니라 자기 자신과의 진정한 만남을 가능하게 하는 가장 중요한 기회로 여긴다. 인간은 혼자일 때 비로소 자신의 깊은 내면과 숨겨진 욕망 그리고 진정한 감정을 솔직하게 들여다볼 수 있다. 많은 이들이 타인과의 관계 속에서 진짜 자신의 모습을 숨기고 살아가지만 혼자 있는 순간에는 누구의 눈치도 볼 필요 없이 진실한 자신과 마주하게 된다.

그는 특히 예술가, 철학자, 그리고 뛰어난 업적을 남긴 위대한 인물들의 삶에서 고독의 힘을 발견했다. 그는 역사 속 위대한 창작과 통찰, 중요한 발견과 깨달음이 대부분 고독 속에서 이루어졌다고 이야기한다. 혼자 있는 시간을 통해 자신의 내면과 깊이 마주할 때 인간은 비로소 창조적이고 깊이 있는 생각에 도달할 수 있다는 것이다. 쇼펜하우어는 이러한 고독의 순간을 '정신의 산책'이라 부르며 홀로 걷고, 홀로 생각하고, 홀로 사색하는 일이 삶을 더 풍요롭고 아름답게 만든다고 믿었다.

쇼펜하우어는 고독이 우리를 타인의 영향력으로부터 보호하는 중요한 방패가 된다고 설명한다. 사람은 때로 자신도 모르는 사이에 타인의 의견과 사회적 기준에 휘둘리게 된다. 그러나 혼자 있을 때 우리는 세상이 요구하는 기준에서 벗어나 자신만의 기준을 되찾을 수 있다. 그는 고독이 타인의 목소리를 잠시 멈추게 하고 내면 깊은 곳에서 우러나오는 진정한 나의 목소리를 들을 수 있게 해준다고 강조한다. 쇼펜하우어에게 고독은 인간이 자신의 삶을 온전히 이해하고 자기 존재의 의미를 깨닫게 하는 필수적인 과정이었다.

"고독은 단지 외부로부터의 격리가 아니라, 자기 자신과의 친밀한 연결이다. 고독은 내가 누구인지, 무엇을 원하는지 깨닫게 하

는 가장 소중한 순간이다."

이러한 쇼펜하우어의 철학은 현대인의 삶에 특별한 의미를 던진다. 외로움과 두려움 때문에 회피해왔던 혼자만의 시간이야말로 진정한 자기 자신을 만나는 가장 중요한 순간임을 깨닫게 해준다. 그의 철학을 따라 고독을 긍정적으로 바라볼 수 있다면 혼자 있는 시간은 더 이상 두려움의 대상이 아니라 삶을 깊이 있게 만들어주는 소중한 선물이 될 것이다.

고독과 행복의 상관관계

사람들은 흔히 혼자 있다는 상태를 외롭고 불행한 것으로 생각한다. 친구들과 어울려 많은 시간을 보내고 동료들과 끊임없이 이야기를 나누며 바쁘게 지낼 때만이 잘 사는 것이라 믿는다. 하지만 쇼펜하우어는 오히려 고독이야말로 우리가 행복을 얻기 위해 반드시 경험해야 하는 소중한 과정이라고 말한다.

쇼펜하우어에 따르면, 행복이란 외부에서 오는 어떤 화려한 조건이나 자극에서 비롯되는 것이 아니며 그것은 철저하게 내면의 상태인 '마음의 평온'에서 시작된다. 그는 다음과 같이 말한다.

"사람들은 끊임없이 타인을 찾으며 자신의 내면의 불안과 공허함을 외부에서 채우려 한다. 그러나 이는 결코 성공할 수 없는 시도다. 행복이란 오직 자기 자신에게서만 찾을 수 있기 때문이다."

쇼펜하우어에게 있어 고독은 '진정한 나 자신'과 대면하는 시간이다. 우리가 혼자 있을 때만 비로소 자신의 내면을 정직하게 들여다볼 수 있고 인생에서 무엇이 정말로 중요한지 명료하게 바라볼 수 있게 된다. 타인의 소음과 기대가 없는 공간에서 우리는 자신이 정말로 원하는 것이 무엇인지 깨닫게 된다. 이러한 자각은 삶의 방향을 명확히 하며 진정한 행복에 가까워지게 한다.

쇼펜하우어는 고독이 가진 창조적 힘을 높이 평가했다. 예술가, 작가, 사상가 등 역사상 위대한 업적을 이룬 사람들 중 대부분이 고독 속에서 자신의 내면과 마주하며 창조적 영감을 발견했다고 그는 말한다. 그는 고독이 없는 창의성은 피상적인 결과물밖에 만들어낼 수 없다고 강조하며 창의력과 행복 모두 홀로 보내는 시간에서 비롯된다고 주장했다. 고독을 외로움으로 받아들일 때 우리는 고통스러워진다. 쇼펜하우어는 이 둘을 명확히 구분한다. 외로움은 혼자 있을 때 찾아오는 공허함과 상실감이며 타인과의 소통에 지나치게 의존할 때 나타나는 증상이다. 반대로 고독은 외부의 소음 없이 자기 자신과 깊이 연결되는 내면의 상태이다. 고독한 사람은 자기 자신과 친구가 되는 법을 아는 사람이며 이들은 외부의 자극에 기대지 않고도 충분히 만족스러운 삶을 살아간다. 쇼펜하우어는 우리에게 이런 질문을 던진다

"당신은 혼자 있을 때 행복한가, 아니면 불안한가?"

이 질문에 솔직하게 답하는 순간 우리는 삶을 근본적으로 바꿀

힘을 얻게 된다. 자신의 내면과 연결된 고독한 시간은 삶을 더욱 단단하고 행복하게 만드는 기반이 된다. 혼자 있는 시간을 두려워하지 말고 삶의 깊이를 더해주는 '나만의 시간'으로 적극적으로 받아들여야 하는 이유가 바로 여기에 있다.

쇼펜하우어에게 배우는
삶의 자세

✔ 혼자 있는 불편함을 직시하라

불안을 회피하지 말고, 그 감정이 왜 생기는지 들여다보라.

✔ 고독을 외로움이 아닌 자유로 여겨라

타인의 시선에서 벗어날 때 비로소 나를 만날 수 있다.

✔ 진짜 행복은 혼자 있는 시간에서 시작된다

내면의 충만함 없이 타인과의 관계도 오래 지속될 수 없다.

✔ 고독은 생각의 깊이를 만든다

조용한 시간 속에서 삶의 방향과 의미를 되찾을 수 있다.

✔ 혼자 있는 훈련을 일상화하라

고독을 연습할수록, 삶은 더 단단해지고 자유로워진다.

Arthur Schopenhauer

2부

혼자일 때 비로소 보이는 것들

고독을 두려워하는 이유

　현대인들은 왜 이렇게 고독을 두려워할까? 혼자 있는 것 자체는 전혀 위험한 일이 아닌데도 우리는 혼자가 될 순간이 다가오면 불안해하고 두려워한다. 쇼펜하우어는 그 이유를 명확히 짚어준다. 우리가 고독을 두려워하는 이유는 혼자 있게 되면 자신이 가장 숨기고 싶은 불편한 진실과 마주해야 하기 때문이다.

　사람들은 끊임없이 외부 세계와 소통하며 자신을 잊고 살아간다. 바쁜 일상과 관계의 소음 속에서는 깊은 고민이나 자기 성찰을 할 여유가 없다. 문제는 이러한 소음이 멈추고 고요한 시간이 찾아오면 그동안 피했던 진짜 질문들이 다시 찾아온다는 것이다.

"나는 제대로 살고 있는가?", "정말 이대로 괜찮은가?" 혼자 있는 순간, 우리의 마음속 깊은 곳에서는 이처럼 끝없이 불안한 질문들이 떠오른다.

"사람이 고독을 참지 못하는 진짜 이유는 자기 자신을 직면하기 두렵기 때문이다."

혼자 있는 것은 내면의 거울을 보는 것과 같다. 우리는 그 거울 앞에서 타인에게 잘 보이기 위해 가려왔던 불완전한 모습, 부족함, 허점들과 마주해야 한다. 혼자만의 고요함 속에서는 더 이상 타인의 시선으로부터 나를 숨길 수도 외면할 수도 없다. 고독을 두려워하는 것은 자신과 마주하는 것을 두려워하는 것과 같다. 또한 현대사회가 만들어놓은 강박도 우리를 고독에서 멀어지게 한다. '혼자 있는 것'을 '사회적으로 고립된 상태'로 인식하게 만드는 사회적 분위기는 사람들에게 혼자 있는 시간을 실패나 외로움으로 여기게 만든다. 혼자 있는 사람은 사회적으로 인정받지 못하거나 친구가 없는 사람처럼 느껴지게 한다. 이러한 사회적 압박감이 우리를 끝없이 타인과의 연결 상태로 몰아넣고 혼자 있는 것을 피하려는 마음을 더욱 부추긴다.

쇼펜하우어는 분명히 말한다. 혼자 있는 것은 두려움의 대상이 아니라 삶을 더욱 깊이 있게 만들어주는 중요한 기회라고 말이다. 혼자 있는 시간은 우리의 마음을 다듬고, 정리하며, 삶의 방향을 잡아주는 소중한 기회다. 두려움을 넘어서 혼자의 시간을 잘 활용할 수 있다면 우리는 자기 자신과 더욱 친해지고 그로 인해 삶의 안정감과 진정한 자유를 얻을 수 있다.

고독을 두려워하지 않기 위해서는 자신을 있는 그대로 받아들이는 연습이 필요하다. 나의 불완전함을 인정하고 그것을 숨기기보다 당당히 마주하는 연습을 통해 우리는 비로소 혼자 있는 것이 두렵지 않게 된다. 고독이 주는 자유를 기꺼이 즐길 수 있는 사람만이 진정한 행복과 평온을 경험할 수 있다고 쇼펜하우어는 강조한다. 혼자만의 시간을 두려움이 아닌 삶을 변화시키는 위대한 가능성으로 바라볼 때 비로소 우리의 삶은 더 풍요로워진다.

혼자 있을 때 발견하는 진짜 나의 모습

우리는 많은 경우 타인의 시선을 통해 자신을 바라보게 된다. 타인이 기대하는 모습, 사회가 정한 기준에 자신을 맞추며 살아간다. 사람들과 함께 있을 때 우리는 자신도 모르게 가면을 쓰고 다른 누군가가 기대하는 역할을 연기하곤 한다. 그러나 혼자만의 시간이 찾아올 때 비로소 진실한 자기 자신과 마주할 기회를 얻게 된다.

"사람은 다른 이들과 함께 있을 때, 진짜 자신과는 멀어진 모습을 갖게 된다. 진정한 나 자신은 오직 혼자 있는 시간에만 명확히 드러난다."

혼자 있는 시간에는 우리를 둘러싼 소음이 사라지고 타인의 시선이나 사회적 기대에서 자유로워진다. 이때 우리는 자신과 솔직한 대화를 나눌 수 있게 된다. 처음에는 이 과정이 조금 불편하거나 어색할 수 있다. 그동안 타인의 시선에 맞추느라 외면해왔던 진짜 나의 모습과 마주하기 때문이다.

혼자 있을 때 발견하게 되는 진짜 나의 모습은 때로 낯설고 예상과 달라 당황스러울 수 있다. 내가 좋아한다고 믿었던 것이 사실은 타인의 기준에 맞춘 선택이었을 수도 있고, 내가 싫어했던 일이 오히려 진정으로 원하는 삶의 일부였음을 깨닫게 될 수도 있다. 혼자 있는 시간이 우리를 불편하게 하는 이유는 바로 여기에 있다. 타인의 시선을 벗어나야만 비로소 자신의 본질을 마주할 수 있기 때문이다.

쇼펜하우어는 혼자 있는 시간을 통해 자신과 진정한 친구가 되어야 한다고 강조한다. 자기 자신과 잘 지내는 법을 아는 사람만이 타인의 시선이나 평가에 흔들리지 않고 안정된 삶을 살아갈 수 있기 때문이다. 혼자 있는 시간은 자신을 더 깊게 이해할 수 있는 유일한 순간이며 이 시간이 없다면 우리는 끊임없이 타인의 기준에 휘둘리며 살아가게 된다. 혼자 있을 때 진정한 나의 모습을 발견하기 위해서는 용기가 필요하다. 솔직한 내면과 마주하는 일은 때로 불편하고 두려울 수 있다.

"혼자 있는 시간을 두려워하지 마십시오. 그 시간 속에 당신이 미처 발견하지 못했던 진짜 자신의 모습이 숨어 있습니다."

이제 혼자만의 시간을 두려움이나 외로움으로 여기지 말고 진짜 나를 찾아가는 소중한 기회로 바라보아야 한다. 혼자 있는 시간을 통해 발견한 진짜 나의 모습은 결국 더 행복하고 더 자유로운 삶으로 나아갈 수 있도록 돕는 출발점이 된다. 혼자만의 시간을 통해 나를 새롭게 발견하고 이를 통해 더 만족스럽고 평화로운 삶으로 나아갈 수 있다. 혼자 있는 시간은 자신을 더 깊이 이해하게 해주는 삶의 선물이다.

자기 성찰을 위한 혼자의 기술

사람은 누구나 삶을 살아가며 크고 작은 고민과 마주한다. 인생의 방향이 흐릿해지거나, 무엇을 원하는지 알 수 없을 때 우리는 흔히 누군가에게 조언을 구하거나 외부에서 답을 찾으려 한다. 그러나 쇼펜하우어는 이런 순간일수록 밖에서 해답을 찾기보다는 자신 안을 들여다보는 것이 더욱 중요하다고 말한다.

앞서도 언급했지만 쇼펜하우어는 자기 성찰을 위한 가장 좋은 방법이 바로 혼자만의 시간을 갖는 것이라고 다시 한 번 강조한다. 그에 따르면, 자신을 진정으로 돌아보기 위해서는 외부의 소음과 방해로부터 벗어나 오롯이 자기 자신과 마주할 수 있는 고요한 환경이 반드시 필요하다.

"우리가 스스로를 깊이 성찰하고 싶다면 반드시 혼자 있는 시간을 가져야 합니다. 진정한 자기 발견은 고독 속에서만 이루어

질 수 있습니다."

혼자 있는 시간을 단순히 휴식이나 외부와의 단절로만 여길 것이 아니라 적극적으로 '자기 자신을 알아가는 기술'로 활용해야 한다. 쇼펜하우어는 몇 가지 구체적인 방법을 제시한다.

첫째, 스스로에게 질문하는 습관을 가져야 한다. 혼자 있는 시간을 가지면서 **"내가 정말 원하는 것은 무엇인가?"**, **"지금 나의 모습이 진짜 나인가?"**, **"나는 어떤 삶을 원하는가?"**와 같은 질문을 던져야 한다. 처음에는 명확한 답이 떠오르지 않을 수 있지만 반복적으로 질문하다 보면 점차 자신의 깊은 내면에서 진솔한 대답이 찾아오게 된다.

둘째, 자기 내면과 대화하는 시간을 의도적으로 만들어야 한다. 쇼펜하우어는 이 시간을 '자기 자신과의 친밀한 대화'라고 부른다. 자신과의 대화란 혼자 있을 때만 가능한 특별한 경험이다. 일기를 쓰거나 조용히 명상하는 습관을 통해 내면의 목소리를 듣고 자신이 처한 현실을 명료하게 이해할 수 있다. 이 과정에서 우리는 감추어왔던 욕망과 두려움 억눌린 감정들을 천천히 들여다보며 진정한 자신을 만나게 된다.

또한 쇼펜하우어는 혼자 있는 공간의 중요성도 강조한다. 혼자만의 공간을 만들고 그곳에서 성찰하는 습관을 키워야 한다. 공간이 우리에게 미치는 영향은 매우 크기 때문에 스스로 편안하고 집중할 수 있는 환경을 마련해 자기 성찰을 습관화하는 것이 필요하다. 이러한 환경이 마련되면 자연스럽게 혼자 있는 시간을 기대하고, 편안하게 자신과 마주할 수 있게 된다.

혼자만의 시간에 자기 성찰을 제대로 하기 위해서는 자신에게 지나친 비판이나 평가를 내려놓는 태도도 필요하다. 자신의 부족한 점을 발견하더라도 비난하지 않고 부드럽게 바라볼 줄 알아야 한다. 쇼펜하우어는 자신을 너그럽게 받아들이고 솔직하게 바라볼 수 있을 때 비로소 진정한 성찰과 변화를 이룰 수 있다고 말한다. 혼자 있는 시간을 활용해 자기 성찰의 기술을 익히면 삶의 방향과 목적이 명확해지고 흔들림 없는 자신을 만날 수 있다. 그렇게 되면 삶의 어려움이나 외부의 압박 속에서도 쉽게 흔들리지 않고 단단하게 자신만의 길을 걸어갈 수 있다. 지금 이 순간, 혼자만의 시간을 마련하고 쇼펜하우어가 전하는 자기 성찰의 기술을 실천해보자. 혼자의 시간은 당신의 삶을 더욱 깊고 풍요롭게 만들어줄 것이다.

고독이 주는 창조적 영감

쇼펜하우어는 고독을 '정신을 위한 창조적 작업실'이라 표현했다. 인류 역사상 가장 뛰어난 작품과 탁월한 통찰이 대부분 혼자만의 고요한 순간에 탄생했다는 사실을 그는 강조했다.

쇼펜하우어는 고독이 창조성과 깊이 연결되어 있다는 점을 예술가와 철학자들의 사례를 통해 설명한다. 베토벤은 청력을 잃은

뒤 홀로 고립된 상태에서 자신의 가장 위대한 교향곡을 작곡했다. 반 고흐 또한 주변 사람들과의 관계가 단절된 채 고독한 시간 속에서 가장 생생하고 감동적인 작품들을 그려냈다. 쇼펜하우어 자신도 오랜 시간 홀로 산책하며 철학적 영감을 얻었고 자신만의 독창적인 세계를 구축했다. 왜 고독한 시간이 창조적 영감을 불러일으키는 것일까?

"고독은 외부 세계의 목소리를 잠재우고, 내면에서 조용히 잠들어 있던 창조적 에너지를 깨웁니다. 혼자일 때 비로소 사람은 자신 안의 깊은 우물을 발견하고, 거기서 무언가를 길어낼 수 있습니다."

창조성은 대부분 혼자만의 깊은 내면과의 연결을 통해 이루어진다. 다른 사람과 함께 있을 때 우리의 마음은 외부의 의견과 기대에 흔들리기 쉽고, 집중력을 잃기 쉽다. 그러나 혼자 있을 때 정신은 자신에게 온전히 집중할 수 있는 상태가 된다. 외부의 소음이 사라지면 우리는 더 선명하게 사고할 수 있으며 내면의 아이디어와 영감에 귀를 기울일 수 있다.

"진정한 영감은 타인의 기대에서 벗어나 오롯이 혼자만의 고요 속에서 피어납니다. 혼자 있는 시간은 결코 외로운 것이 아니라, 무한한 가능성의 세계로 들어가는 열쇠입니다."

혼자 있는 시간의 가치를 재발견할 때 우리는 삶에서 창조적 영감을 얻게 된다. 고독을 두려워하지 않고 오히려 적극적으로 받아들일 때 우리의 삶은 더욱 창조적이고 풍성해질 수 있다.

혼자만의 공간을 만드는 법

쇼펜하우어는 우리가 진정한 자기 자신을 만나고 창조적 영감을 얻으려면 반드시 혼자만의 공간을 가져야 한다고 강조한다.

"자기 자신과 진정한 만남을 원한다면, 반드시 외부 세계로부터 떨어진 혼자만의 공간을 마련해야 합니다. 고독은 공간과 시간을 통해 완성됩니다."

여기서 말하는 혼자만의 공간이란 반드시 화려하거나 특별한 장소를 의미하는 것은 아니다. 중요한 것은 자신만을 위해 준비된 편안하고 자유로울 수 있는 공간을 마련하는 것이다. 이 공간에서만큼은 다른 사람의 요구나 시선을 의식할 필요가 없다. 온전히 내가 주인이 되고, 내가 기준이 되는 공간이다.

혼자만의 공간은 물리적 공간과 심리적 공간으로 나누어 생각할 수 있다. 물리적 공간은 집이나 방의 한 구석이라도 좋고 자주 가는 조용한 카페나 공원 벤치와 같은 장소일 수도 있다. 중요한 점은 이곳에서는 편안하게 생각할 수 있어야 하고 누구에게도 방해받지 않아야 한다는 것이다. 쇼펜하우어가 고독한 산책을 통해 깊은 통찰을 얻었듯이, 우리가 마련하는 공간도 작은 방이 될 수 있고, 산책길의 벤치나 책상이 놓인 조용한 카페 한쪽 구석이 될 수 있다. 이렇게 물리적 공간을 정했다면 그 공간에서 혼자만의

'마음의 공간'을 확보하는 연습이 필요하다. 이 시간에는 외부 자극을 최대한 차단해야 한다. 스마트폰이나 노트북 같은 전자기기에서 잠시 벗어나 좋아하는 책 한 권이나 펜과 노트 정도만 준비해도 충분하다.

혼자만의 공간에서는 반드시 무언가를 성취할 필요가 없다. 고독한 공간의 목적은 '무엇인가를 이루는 것'이 아니라 '나 자신과 함께 머무는 시간'을 즐기는 데 있다. 처음에는 아무것도 하지 않는 시간이 낯설게 느껴질 수 있지만 시간이 지날수록 이 시간이 자신을 충전하고 깊이 생각할 수 있는 가장 소중한 순간임을 깨닫게 된다.

쇼펜하우어는 특히 하루 중 짧은 시간이라도 규칙적으로 혼자만의 시간을 가지라고 조언한다. 그 시간이 길지 않아도 좋다. 매일 아침이나 잠들기 전 단 10분이라도 자신과의 만남을 이어간다면, 마음속에 평온한 공간이 자연스럽게 형성될 것이다. 더불어 심리적 공간을 형성하는 일도 중요하다. 내면에서 불안과 걱정을 잠시 내려놓고 마음을 비우는 연습이 필요하다. 쇼펜하우어는 조용히 명상하거나 자기 자신과 대화를 나누는 습관을 통해 이러한 심리적 공간을 마련할 것을 권한다. 내면의 공간이 마련되면 물리적 공간 또한 더욱 깊은 의미를 지니게 된다.

혼자만의 공간은 삶을 근본적으로 변화시키는 출발점이 된다. 이곳에서 우리는 진정한 나의 모습과 숨겨진 내면의 소리 그리고 삶의 방향을 발견할 수 있다. 쇼펜하우어가 말했듯이 혼자만의 공간은 단순한 쉼터가 아니라 삶의 깊이와 평온, 창조적 영감을 얻게 해주는 특별한 장소가 된다. 이제 자신만의 작은 공간을 마련해보자. 그곳은 당신이 당신 자신과 가장 친밀하게 만나는 장소가 될 것이며, 그 안에서 삶의 진정한 변화를 경험하게 될 것이다.

쇼펜하우어에게 배우는
삶의 자세

✔ 혼자일 때 진짜 나의 모습을 마주하라

타인의 기준이 사라질 때 비로소 내면의 목소리가 들린다.

✔ 자기 성찰은 혼자 있는 시간에서 비롯된다

조용한 고독 속에서 삶의 방향과 감정을 정리할 수 있다.

✔ 창조는 고요함에서 태어난다

혼자의 시간은 새로운 아이디어와 통찰을 불러오는 자양분이다.

✔ 혼자만의 공간을 의식적으로 만들라

단절의 순간이 있어야 생각이 깊어지고 감정은 정리된다.

✔ 외부보다 내면의 대화에 집중하라

혼자일 때야말로 삶의 진실한 의미를 되묻고 찾을 수 있다.

Arthur Schopenhauer

3부

고독과 외로움, 그 미묘한 차이

외로움은 고통이지만 고독은 힘이다

고독과 외로움은 언뜻 비슷해 보이지만 실상은 전혀 다른 감정이다. 쇼펜하우어는 이 두 가지를 명확히 구분하여 설명한다.

"외로움이란, 혼자 있다는 사실 때문에 고통을 느끼는 상태입니다. 반면 고독이란, 혼자 있음에도 불구하고 오히려 그 상태를 즐기고 내면의 힘을 발견하는 것입니다."

외로움은 타인과 연결되지 못한 데서 오는 불안과 괴로움을 의미한다. 누군가와 소통하지 못할 때, 세상에 홀로 남겨졌다고 느낄 때 사람들은 외롭다고 말한다. 외로움은 종종 '버림받았다'는 감정과 연결되며 자신이 필요 없는 존재라고 느끼거나, 누구에게도 진심으로 이해받지 못한다는 생각에 사로잡히게 만든다.

반면 고독은 외로움과는 다른 성격을 지닌다. 고독은 혼자 있는 순간을 자발적으로 선택하고 그 시간을 통해 자신의 내면과 깊이 연결되는 긍정적인 상태를 의미한다. 고독을 경험하는 사람은 혼자 있음에도 타인과 단절되었다고 느끼지 않는다. 오히려 자신을 바라보고 자기 자신과의 연결을 통해 마음 깊은 곳의 창조적 에너지와 평화를 발견하게 된다. 쇼펜하우어는 고독이 지닌 힘에 대해 다음과 같이 강조한다.

"고독은 단순히 혼자 있는 상태가 아닙니다. 고독은 내면의 자아를 단단하게 만들고, 나 자신을 스스로 지지할 수 있게 해주는 가장 귀한 경험입니다."

고독과 외로움을 구분하는 가장 중요한 기준은 '나 자신과의 관계'에 있다. 외로움을 느끼는 사람은 자기 자신과 충분히 친하지 않거나 스스로를 인정하지 못하는 경우가 많다. 그래서 혼자 있는 시간에도 편안하지 못하고 내면의 불안을 감당하기 어렵다. 반면 고독을 선택하는 사람은 자기 자신을 있는 그대로 받아들이며 자기 자신과 좋은 친구가 되어 있다. 그들은 혼자 있는 시간을 두려워하지 않고 오히려 그 시간 속에서 마음의 평화를 얻는다.

현대인은 외로움과 고독을 분명히 구분하지 못한 채 살아간다. 혼자 있는 상태 자체를 부정적으로 받아들이다 보니 고독이 줄 수 있는 긍정적인 힘마저 놓치게 된다. 쇼펜하우어는 혼자만의 시간을 피하지 말고 오히려 적극적으로 선택하라고 말한다. 외로움이 아닌 고독을 통해 진정한 자아를 발견하고, 삶의 방향을 찾아야 한다는 것이다.

고독을 선택할 수 있는 힘을 기르면 혼자 있는 시간이 더 이상 두렵거나 고통스럽지 않게 된다. 오히려 그 시간을 통해 인생을 더 깊고 의미 있게 만드는 방법을 배우게 된다. 그리고 이것이 바로 쇼펜하우어가 강조한 고독의 진정한 힘이다.

지금 당신은 외로운가, 아니면 고독한가? 이제부터라도 고독을 두려워하지 말고 오히려 적극적으로 받아들여야 한다. 혼자만의 시간은 당신의 인생을 근본적으로 바꾸는 커다란 힘이 되어줄 것이다.

외로움을 극복하는 고독 활용법

쇼펜하우어는 외로움을 고독으로 전환하는 것이야말로 진정한 행복과 마음의 평화를 얻는 가장 효과적인 방법이라고 강조한다. 외로움이 혼자 있는 시간을 고통스럽게 만든다면 고독은 그 시간을 통해 삶을 더욱 풍요롭게 만들어준다. 그렇다면 어떻게 외로움을 고독으로 바꿀 수 있을까?

첫 번째 방법은 외로움의 원인을 인식하고 스스로를 돌아보는 것이다. 외로움을 느끼는 이유는 대개 자신이 타인과 단절되었거나 인정받지 못하고 있다고 생각하기 때문이다. 그러나 쇼펜하우어는 이렇게 말한다.

"우리가 외로움을 느끼는 이유는 혼자 있기 때문이 아니라, 자신과의 관계가 충분히 친밀하지 않기 때문입니다."

외로움을 극복하기 위한 첫번째 방법은 타인의 인정이나 관심을 기다리기보다 먼저 자기 자신에게 관심과 애정을 기울이는 것이다. 혼자 있는 시간을 '자기 자신과 친밀해지는 시간'으로 바꾸어보는 것이 중요하다. 자신의 내면을 깊이 들여다보고 어떤 것에 불안을 느끼는지, 왜 혼자일 때 힘든지 그 이유를 천천히 이해해 나가면 외로움은 점차 고독으로 바뀌게 된다.

두 번째 방법은 혼자 있는 시간의 목적을 명확히 하는 것이다. 막연하게 혼자 있는 것을 두려워하지 말고 그 시간에 구체적으로 어떤 활동을 할지 정해두면 도움이 된다. 쇼펜하우어는 책 읽기, 일기 쓰기, 산책, 명상 등 혼자서 할 수 있는 활동을 적극 권장한다. 이렇게 혼자 하는 활동에 명확한 목적을 부여하면 외로움에서 오는 불안감은 자연스럽게 줄어들고 고독 속의 만족감을 점차 얻게 된다.

세 번째 방법은 자기 자신과의 대화를 습관화하는 것이다. 많은 사람들은 타인과 소통하지 못할 때 외로움을 느낀다고 생각하지만, 실상 더 큰 문제는 자기 자신과의 소통 부족에서 비롯된다. 쇼펜하우어는 이렇게 조언한다.

"외로움을 느낄 때, 나 자신과 친밀한 대화를 나누십시오. 당신이 진정으로 필요로 하는 대화 상대는 바로 당신 자신입니다."

마음속에서 떠오르는 생각과 감정을 부드럽게 바라보고 그것을 스스로에게 털어놓는 연습을 하면 외로움은 서서히 고독으로 전환된다. 혼자서 일기를 쓰거나 조용히 혼잣말을 하는 것도 좋은 방법이다. 자신과 소통하는 습관이 자리 잡히면 외로움에 쉽게 흔들리지 않게 된다.

마지막으로, 혼자만의 시간을 규칙적으로 갖는 습관을 들이는 것이 중요하다. 외로움을 피하기 위해 무조건 타인과 함께하는 것은 근본적인 해결이 되지 않는다. 오히려 의도적으로 혼자 있는 시간을 매일 조금씩이라도 가지면서 고독을 익숙한 상태로 만드는 것이 필요하다. 그렇게 되면 혼자 있는 시간이 더 이상 두렵지 않고 자연스럽게 삶의 일부로 자리 잡게 된다.

"외로움을 고독으로 바꾸는 순간, 당신은 진정한 내면의 자유와 힘을 발견할 것입니다."

외로움이라는 감정을 고독의 힘으로 변화시키는 연습을 시작해 보자. 그러면 혼자 있는 시간은 더 이상 고통의 시간이 아니라 삶을 더 깊고 풍요롭게 만들어주는 소중한 순간이 될 것이다.

외로움을 긍정적으로 바꾸는 방법

혼자 있는 시간은 외로움과 고독이라는 두 가지 모습으로 나타난다. 어떤 사람은 혼자 있을 때 외로움을 견디지 못해 괴로워하지만 또 다른 사람은 그 시간을 활용하여 삶을 더욱 풍성하게 만들어간다.

"혼자 있는 시간을 외롭다고 느끼는 사람은, 그 시간을 긍정적으로 활용할 방법을 아직 발견하지 못한 사람입니다."

외로움을 느끼는 이유 중 하나는 혼자 있는 상태를 부정적으로 바라보는 습관 때문이다. 혼자 있는 것이 불행하거나 불편하다고 반복해서 생각하면 혼자의 시간이 올 때마다 우리는 불안과 두려움으로 가득 차게 된다. 따라서 외로움을 긍정적으로 전환하기 위해서는 먼저 혼자 있는 시간을 바라보는 마음가짐부터 바꾸어야 한다. 무엇보다 혼자 있는 시간을 '나에게 주어진 특별한 기회'라고 여기는 습관이 필요하다. 쇼펜하우어는 혼자만의 시간이야말로 자신을 더 깊이 이해할 수 있는 가장 귀중한 순간이라고 강조한다. 혼자 있는 시간을 피하려 하기보다, '이 시간이 없었다면 결코 발견하지 못했을 나 자신'을 만나게 될 것이라는 기대감을 가져보아야 한다.

혼자 있는 시간을 창의적이고 생산적인 활동으로 채워보는 것도 좋은 방법이다. 혼자 있을 때 찾아오는 외로움은 대체로 무의미한 빈 시간에서 비롯된다. 이럴 때 자신의 취미나 관심사에 집중하면 외로움에서 비롯된 부정적인 감정은 빠르게 사라지고 만족감과 즐거움으로 바뀌게 된다. 책을 읽거나 그림을 그리거나 글을 쓰는 등 창조적인 활동을 통해 외로움의 시간을 자신을 위한 '선물 같은 시간'으로 전환할 수 있다.

자연과 가까워지는 것도 외로움을 긍정적으로 바꾸는 좋은 방법이다. 쇼펜하우어는 특히 자연 속에서 보내는 혼자의 시간을 통해 사람들이 더 깊은 위로와 평온을 느낄 수 있다고 말한다.

"자연은 우리에게 아무것도 요구하지 않습니다. 자연 속에서 우리는 외롭지 않고 오히려 위로받습니다."

숲길을 걷거나 공원의 벤치에 앉아 하늘을 바라보며 보내는 혼자만의 시간은 외로움을 조용한 기쁨과 평온함으로 바꾸어준다. 또한 자신의 감정을 기록하는 습관을 들이는 것도 외로움을 긍정적으로 전환하는 데 도움이 된다. 혼자 있는 시간을 활용해 일기를 쓰거나 내면의 감정을 솔직하게 기록해보는 것이다. 이때 자신이 왜 외로움을 느끼는지, 그 감정이 어떤 메시지를 전달하는지를 천천히 살펴보면 자기 내면을 더 잘 이해할 수 있게 된다. 쇼펜하우어는 자기 성찰의 글쓰기를 통해 외로움의 고통을 극복하고 자기 자신을 긍정적으로 바라볼 수 있다고 강조한다.

외로움은 나쁜 것이 아니라 인간이 느끼는 자연스러운 감정의 일부다. 쇼펜하우어의 말처럼 외로움도 충분히 긍정적인 감정으로 전환될 수 있다. 혼자 있는 시간을 불편하고 괴로운 상태로 방치하지 말고 자신과 더 가까워지는 계기로 삼아야 한다. 혼자 있는 시간을 긍정적으로 바라볼 수 있을 때 외로움은 더 이상 고통이 아니라 삶을 더욱 풍요롭게 만들어주는 귀중한 순간이 될 것이다.

고독을 통해 얻는 정신적 자유

쇼펜하우어는 고독이 단순히 혼자 있는 상태를 넘어 진정한 정신적 자유를 얻는 가장 확실한 방법이라고 강조한다. 많은 사람들은 자유를 외부 조건이나 환경에서 찾으려 하지만 쇼펜하우어는 진정한 자유는 오직 자기 내면의 상태에서만 비롯된다고 말한다.

"진정한 자유는 타인의 기대나 외부의 압박에서 벗어나 스스로를 통제할 수 있는 상태입니다. 그리고 그런 자유는 오직 혼자 있을 때 비로소 완전해집니다."

현대인은 늘 주변 환경과 타인의 시선에 영향을 받으며 살아간다. SNS에서의 타인의 평가, 사회가 요구하는 성공과 행복의 기준에 자신을 맞추다 보면 정작 자신이 원하는 삶의 방향을 놓치게 된다. 이러한 외부의 평가에 구속된 삶은 결코 진정한 자유를 누릴 수 없다. 바로 이러한 이유로 쇼펜하우어는 혼자 있는 시간을 통해 외부의 목소리를 끊고 스스로 생각할 수 있는 능력을 길러야 한다고 조언한다.

고독을 통해 얻는 정신적 자유는 크게 두 가지로 나눌 수 있다.

첫 번째는 타인의 평가와 시선으로부터의 자유다. 혼자 있을 때 우리는 더 이상 타인의 기대를 충족하기 위해 자신을 숨기거나 연기할 필요가 없다. 혼자의 순간에는 온전히 자기 자신으로 존재할 수 있다. 이 시간 속에서 우리는 '진정으로 원하는 것'과 '타인이 원한다고 믿어온 것'을 분명하게 구분하게 된다. 이러한 구분은 외부의 압력으로부터 우리를 자유롭게 하고 삶의 방향을 스스로 선택할 수 있는 힘을 길러준다.

두 번째는 자기 자신을 있는 그대로 받아들이는 자유다. 많은 이들이 자기 자신에게 지나치게 엄격하고 끊임없이 스스로를 평가하고 비판한다. 그러나 혼자 있는 시간을 통해 우리는 점차 자신에게 관대해지고 자신을 있는 그대로 인정하게 된다. 쇼펜하우어는 이러한 과정을 통해 비로소 정신적인 자유와 내면의 평화를 경험할 수 있다고 말한다.

"자기 자신을 그대로 받아들이는 순간, 비로소 우리는 진정한 자유를 경험합니다."

쇼펜하우어는 혼자 있는 시간에 끊임없이 자신에게 질문을 던지고 내면과 대화할 것을 권유한다. 자신의 감정을 이해하고 내면의 목소리에 귀 기울이는 과정은 우리를 보다 자유롭고 편안한 상태로 이끈다. 그 결과 우리는 더 이상 타인의 시선이나 외부의 기준에 의존하지 않게 된다.

고독을 통해 얻은 정신적 자유는 삶을 지탱하는 가장 든든한 힘이 된다. 이 자유를 경험한 사람은 삶의 어려움 앞에서도 쉽게 흔들리지 않는다. 자기 자신에게 솔직해지고 자신만의 기준으로 인생을 살아가는 연습을 거듭하면서 타인의 기준에 휘둘리지 않는 내면의 단단함을 얻게 되기 때문이다. 이제 혼자 있는 시간을 삶에서 진정한 자유를 얻는 소중한 기회로 바라보아야 한다. 고독 속에서 찾은 정신적 자유는 당신의 삶을 더 깊고 평온하게 그리고 더욱 단단하게 지탱해 줄 것이다.

쇼펜하우어에게 배우는
삶의 자세

✔ 외로움과 고독의 차이를 인식하라
외로움은 결핍이지만, 고독은 선택이며 내면의 힘이다.

✔ 고독은 외로움을 극복하는 도구다
혼자 있는 시간을 고요하게 누릴 때 외로움은 점차 사라진다.

✔ 외로움을 억누르지 말고 마주하라
감정을 인정하고 들여다볼 때, 고독은 성찰로 이어진다.

✔ 고독은 정신의 자유를 키운다
관계의 구속에서 벗어나 삶을 주체적으로 설계할 수 있다.

✔ 혼자 있는 연습이 내면의 평화를 만든다
자발적 고독을 통해 더 단단한 자아를 만들어갈 수 있다.

Arthur Schopenhauer

4부

고독과 연결의 균형 잡기

고독 속에서도 타인과 연결될 수 있을까?

사람들은 흔히 고독과 타인과의 연결을 서로 완전히 상반되는 개념으로 여긴다. 혼자 있으면 타인과 단절되고 타인과 연결되면 혼자 있을 수 없다고 생각하는 것이다. 그러나 쇼펜하우어는 이 두 가지가 반드시 배타적인 것은 아니라고 말한다. 오히려 그는 혼자만의 시간이야말로 타인과의 진정한 연결을 더욱 깊고 풍요롭게 만들어주는 기반이 된다고 강조한다.

"혼자 있을 수 없는 사람은 진정한 의미에서 타인과도 연결될 수 없습니다. 자기 자신과 연결되지 않은 사람은 타인과의 관계에서도 끊임없이 불안과 의심에 시달리기 때문입니다."

쇼펜하우어가 말하는 진정한 연결이란 단순히 사람들과 자주 만나거나 소통의 양을 늘리는 것이 아니다. 오히려 자기 자신과 충분히 연결되고 이해할 수 있을 때에만, 타인을 있는 그대로 받아들이고 진실하게 관계를 맺을 수 있다는 것이다. 자신을 이해하지 못한 채 맺는 관계는 타인의 기대와 반응에 휘둘리며 중심을 잃게 된다.

혼자 있는 시간이 충분히 내면을 단단하게 만든 사람은 타인과 함께 있을 때에도 자신의 중심을 잃지 않는다. 상대가 무엇을 기대하는지를 지나치게 고민하지 않고 오히려 상대방을 편안하고 자연스럽게 받아들일 수 있다. 자기 자신과의 친밀함이 있어야만 타인과의 관계에서도 진정성을 지킬 수 있으며 서로를 더욱 깊이 이해하게 된다.

쇼펜하우어는 고독 속에서 타인과 연결되는 방법으로 '자기와의 대화'를 강조한다. 자기 자신과 깊은 대화를 나누는 시간을 통해 내면의 욕구와 감정을 이해하게 되면 타인의 마음 역시 더 잘 이해할 수 있게 된다. 자신과 솔직하게 소통하는 습관이 자리 잡히면, 타인의 행동이나 말에 대해 과도하게 반응하거나 불필요한 상처를 받는 일이 줄어든다. 혼자만의 시간은 타인과의 관계를 되돌아보고 정리할 수 있는 소중한 기회를 제공한다. 조용한 시간을 통해 우리는 자신에게 진정으로 중요한 사람이 누구인지, 어떤 관계가 내게 필요한지를 분명하게 알게 된다. 고독 속에서 관계를 성찰하게 되면 불필요하거나 형식적인 관계에서 자연스럽게 벗어나고, 더 진실하고 건강한 인간관계를 유지할 수 있다.

이제 다시 처음의 질문으로 돌아가 보자. 고독 속에서도 타인과 연결될 수 있을까? 쇼펜하우어는 혼자 있는 시간을 두려워하지 않으며 고독을 내면의 힘으로 전환할 수 있는 사람만이 진정한 연결을 경험할 수 있다고 말한다. 자기 자신과 충분히 연결된 사람은 타인과의 관계에서도 안정감을 느끼고 편안한 마음으로 진실한 관계를 맺어갈 수 있다.

혼자만의 시간을 소중히 여기고 그 시간을 통해 자신을 깊이 이해할 때 타인과의 관계는 오히려 더 확장되고 단단해진다. 고독과 연결은 서로를 배척하는 개념이 아니라 오히려 서로를 완성시키는 삶의 중요한 기술이다.

내면의 중심을 지키며 타인과 연결되는 법

사람들과 관계를 맺다 보면 누구나 한 번쯤은 이런 경험을 하게 된다. 타인의 의견에 따라 쉽게 흔들리고 상대방의 기대에 맞추려다 보니 자신의 생각이나 감정을 무시하게 되는 경우가 있다. 쇼펜하우어는 이것이 바로 우리가 자기 내면의 중심을 잃었기 때문이라고 지적한다.

"자기 내면의 중심을 지키지 못하는 사람은 항상 타인과의 관계 속에서 쉽게 상처받고 불안해집니다. 반대로 자기 중심이 단단한

사람은 외부의 상황이나 타인의 말에 쉽게 흔들리지 않습니다."

내면의 중심을 지킨다는 것은 자신의 생각, 감정, 그리고 삶의 기준을 타인의 영향력으로부터 지켜내는 것을 의미한다. 그렇다고 해서 타인과의 관계를 끊고 혼자만의 세계에 갇히는 것은 아니다. 오히려 쇼펜하우어는 내면의 중심이 단단할수록 타인과 더욱 깊고 건강하게 연결될 수 있다고 강조한다. 그렇다면 어떻게 내면의 중심을 지키면서도 타인과 연결될 수 있을까?

첫째, 자신만의 기준을 명확히 세우는 것이 중요하다. 타인의 기준에 맞추려 애쓰기보다 자신이 원하는 삶의 방향과 가치를 명료하게 설정하는 것이 필요하다. 내가 무엇을 좋아하고 무엇을 중요하게 여기는지에 대해 혼자만의 시간에 충분히 생각하고 정리해보아야 한다. 이렇게 자기만의 기준이 뚜렷하게 세워지면 타인의 의견이나 비판에도 쉽게 흔들리지 않게 된다.

둘째, 타인의 말이나 평가를 객관적으로 바라보는 태도를 기르는 것이다. 쇼펜하우어는 타인의 말에 과도하게 반응하지 말고, 그것을 '상대의 의견일 뿐'이라고 받아들이라고 조언한다. 다른 사람이 하는 말은 어디까지나 주관적인 판단일 뿐이며 절대적인 진리가 아니다. 내면의 중심을 지키기 위해서는 타인의 말을 나의 가치와 동일시하지 않고 담담하게 듣고 스스로 평가할 수 있어야 한다.

셋째, 자기 내면과의 대화를 지속하는 습관을 유지하는 것이다.

사람들과 관계를 맺는 과정에서도 혼자만의 시간 즉 자기 자신과의 친밀한 대화는 꾸준히 이루어져야 한다. 타인과의 관계 속에서 상처를 받거나 마음이 혼란스러울 때 잠시 혼자 있는 시간을 통해 스스로에게 질문을 던져야 한다. **"왜 불편한가?", "나는 무엇을 원했는가?"**와 같은 질문을 통해 마음의 상태를 점검하고 정리하는 것이 중요하다. 이 과정이 반복되면 외부 관계 속에서도 중심을 잃지 않고 안정감을 유지할 수 있다.

넷째, 관계에서의 적당한 거리를 유지하는 것이다. 쇼펜하우어는 타인과 지나치게 가까워지거나 의존적인 관계를 맺으면 결국 자기 중심을 잃고 상처받기 쉬워진다고 말한다. 관계 속에서 일정한 거리와 여유를 유지하면 상대방과 나 사이의 경계가 명확해지고 오히려 서로를 더 편안하고 존중할 수 있게 된다. 이것이야말로 내면의 중심을 지키며 타인과 건강하게 관계 맺는 방식이다.

쇼펜하우어의 말처럼 내면의 중심을 지킨다는 것은 타인과의 관계를 포기하거나 단절하는 것이 아니다. 오히려 그것은 나와 타인을 더욱 깊이 있고 풍요롭게 연결하는 방법이다. 이제부터는 타인과 관계를 맺는 과정에서도 자기 내면의 중심을 잃지 않도록 노력해보자. 그렇게 할 때 우리는 외부 환경에 휘둘리지 않고 더욱 자유롭고 안정된 삶을 살아갈 수 있게 될 것이다.

혼자 있는 시간과 사회적 삶의 균형 찾기

혼자 있는 시간을 중요하게 여기라고 말하면 많은 사람들은 그것이 타인과의 관계를 단절하고 오로지 혼자만 살아가야 한다는 의미로 받아들이곤 한다. 그러나 쇼펜하우어는 진정한 삶의 균형은 혼자 있는 시간과 사회적 삶 사이에 있다고 강조한다.

"혼자만의 시간이 부족한 사람은 자기 자신을 잃기 쉽고, 반대로 타인과의 관계가 부족한 사람은 고립감을 느끼게 됩니다. 이 두 가지의 균형이 삶의 행복을 결정합니다."

혼자만의 시간과 사회적 삶은 서로 충돌하거나 배타적인 것이 아니다. 오히려 이 두 영역을 적절히 조화롭게 유지하는 것이 우리가 더 건강하고 안정적인 삶을 살아가는 데 도움이 된다. 쇼펜하우어는 이러한 균형을 잡기 위한 구체적인 방법들을 제시한다.

하루 중 의도적으로 혼자만의 시간을 설정하는 것이 중요하다. 하루에 단 10분이나 20분이라도 정기적으로 혼자만의 시간을 갖는다면 외부 세계로부터 잠시 분리되어 내면을 깊이 들여다볼 수 있다. 이 시간이 지나치게 부족하면 타인의 목소리에 쉽게 휘둘리게 되고, 반대로 너무 길면 외로움이나 고립감을 느낄 수 있다. 짧더라도 규칙적인 혼자만의 시간은 삶의 균형을 지탱하는 든든한 기반이 된다.

다음으로 혼자만의 시간과 타인과 함께하는 시간을 분명히 구분하고 계획하는 것도 필요하다. 무작정 사람들과 어울리거나 막연히 혼자 있는 것이 아니라 각각의 시간을 의식적으로 나누어 활용할 때 더 건강한 균형을 유지할 수 있다. 하루의 일정을 아침 시간에는 혼자서 독서나 명상에 집중하고, 점심이나 저녁 시간에는 사람들과 어울리는 방식으로 조율해보는 것도 좋다. 쇼펜하우어는 혼자만의 시간에 충전한 에너지를 사회적 관계 속에서 활용해야 한다고 말한다.

"혼자만의 시간에서 우리는 내면을 충만히 하고, 그 에너지를 타인과의 관계에서 활용할 수 있습니다."

혼자 있는 시간을 통해 감정과 욕구를 깊이 이해하고 충분히 재정비하면 타인과의 관계에서도 더 진실하고 편안한 모습으로 다가갈 수 있다. 즉, 혼자 있는 시간은 타인과 함께하기 위한 준비 과정이자 토대가 된다. 무엇보다 중요한 것은 자신의 성향과 상황에 맞게 이 균형을 조절하는 일이다. 모든 사람에게 똑같이 적용되는 이상적인 균형점은 존재하지 않는다. 어떤 사람은 사회적 관계에서 에너지를 얻고 또 어떤 사람은 혼자 있는 시간 속에서 깊은 회복을 경험한다. 자신의 내면을 주의 깊게 살펴보고 그에 따라 혼자 있는 시간과 타인과의 시간을 유연하게 조정하는 지혜가 필요하다.

"혼자 있는 시간과 사회적 관계는 삶이라는 저울의 양쪽에 놓인 두 가지 무게추와 같습니다. 어느 한쪽으로 기울면 균형이 깨지

고, 그때 삶의 불편함이 찾아옵니다."

이제 자신의 삶에도 혼자 있는 시간과 사회적 삶의 균형을 다시 돌아볼 필요가 있다. 이 균형을 찾게 되면 혼자 있는 시간에도 외로움을 느끼지 않게 되고, 타인과 함께할 때에도 지치지 않으며 삶 속에서 더욱 깊은 만족과 평온함을 경험하게 될 것이다.

내 중심을 유지하며 타인과 소통하기

쇼펜하우어는 타인과의 소통에서 가장 중요한 요소로 '자기 내면의 중심'을 단단히 지키는 일을 강조한다. 자신의 중심이 흔들리면 타인과의 소통 속에서도 쉽게 피로감을 느끼거나 혼란에 빠지게 된다. 내면의 중심을 지키며 타인과 원활하게 소통하기 위해 쇼펜하우어는 다음과 같은 방법들을 제안한다.

첫째, 타인의 감정이나 의견에 지나치게 몰입하거나 휩쓸리지 않는 태도가 필요하다.

"자신의 내면 중심을 확실히 지키면, 타인의 평가에 쉽게 흔들리지 않습니다. 타인의 말과 행동을 있는 그대로 받아들이되, 자신을 잃어서는 안 됩니다."

타인과 소통할 때 우리는 종종 상대방의 기분을 지나치게 신경 쓰거나 상대의 생각과 감정에 나 자신을 맞추려 한다. 물론 이러한 배려는 필요하지만 타인의 마음에만 집중하다 보면 점차 자신의 마음과 중심은 흐려지게 된다. 자기중심을 유지한다는 것은 타인의 감정과 의견을 충분히 이해하면서도 그것이 자신의 감정이나 기준을 완전히 뒤흔들지 않도록 균형을 유지하는 일이다.

둘째, 자신의 의견과 감정을 명확히 표현하는 연습이 필요하다. 많은 사람들은 거절당하거나 비판받는 것이 두려워 자신의 생각을 숨기고 침묵하곤 한다. 그러나 쇼펜하우어는 내면의 중심을 지키기 위해서는 솔직하고 명료한 소통이 반드시 필요하다고 말한다. 자신의 의견을 표현할 때는 비록 상대와 생각이 다르더라도 정중하면서도 단호한 태도를 유지해야 한다. 타인이 원치 않는 부탁을 할 때 무조건 받아들이기보다는, 부드럽지만 분명하게 **"저는 그것을 원하지 않습니다"**라고 말할 수 있어야 한다. 이러한 솔직한 소통은 오히려 상대와의 관계를 더 건강하고 명확하게 만든다.

셋째, 소통 중에도 자기 내면의 목소리를 놓치지 않는 것이 중요하다. 대화 중에도 스스로에게 다음과 같은 질문을 던져보아야 한다. **"나는 이 상황에서 무엇을 원하는가?"**, **"지금 나는 어떤 감정을 느끼고 있는가?"** 자기 내면에 집중하는 습관이 자리 잡히면 타인과의 대화 속에서도 중심을 잃지 않고 흔들림 없이 자신을 지킬 수 있다.

마지막으로 쇼펜하우어는 사람들과의 만남과 이별에서도 적절한 거리를 유지하라고 조언한다.

"적당한 거리감은 서로를 존중하며 동시에 자기 자신을 보호할

수 있는 가장 좋은 방법입니다. 너무 가까이 다가가면 상처를 받고, 너무 멀어지면 외로움을 느끼게 됩니다."

　타인과 함께 있을 때에도 서로의 경계를 침범하지 않도록 적절한 거리를 유지해야 한다. 자기 자신에게 돌아오는 혼자만의 시간을 충분히 확보함으로써 그 시간 속에서 감정과 생각을 다시 점검하는 습관을 들이는 것이 필요하다. 자기 내면의 중심을 지키며 소통하는 사람은 타인과 함께 있을 때에도 더욱 자연스럽고 편안하다. 타인의 기대에 자신을 억지로 맞추지 않으며 자신의 기준과 진정성을 그대로 유지한 채 존재하기 때문이다.

　이제 자기 자신과의 소통을 충분히 유지하면서 타인과의 관계를 새롭게 시작해보자. 그렇게 할 때 우리는 어떤 관계 속에서도 자기 자신을 잃지 않고 타인과의 관계 또한 더욱 단단하고 건강하게 만들 수 있을 것이다.

쇼펜하우어에게 배우는
삶의 자세

✔ 혼자 있어도 연결될 수 있다는 사실을 기억하라

진정한 연결은 물리적 접촉보다 내면의 여유에서 시작된다.

✔ 타인과의 관계보다 내면의 중심을 먼저 세워라

자기 자신을 지킬 수 있을 때, 건강한 관계도 가능하다.

✔ 고독과 사회적 삶을 대립시키지 마라

둘은 배척이 아니라 균형의 대상이며, 서로를 보완한다.

✔ 연결을 두려워하지 말고, 고립을 방치하지 마라

필요한 연결은 받아들이되, 무분별한 관계에는 선을 긋자.

✔ 자기 충전이 우선일 때 관계도 편안해진다

혼자 있는 시간은 타인과의 소통을 더 깊게 만든다.

Arthur Schopenhauer

제2장

적당히 사는 지혜

"대부분의 사람은 자기 욕망을 따르지 않는다.
남들이 욕망하는 것을 흉내 내며 산다."

- 욕망과 현실 사이에서 균형 잡기 -

"조금만 더 가지면 행복해질까?", "이대로 만족해도 괜찮을까?"

삶을 살아가며 누구나 한 번쯤은 이런 질문을 품게 된다. 우리는 늘 '지금'보다 '더 나은 무언가'를 향해 나아가야 한다는 압박 속에 살고 있다. 더 많이 갖고, 더 높이 올라가고, 더 완벽해져야 한다는 욕망은 현대인의 일상이 되어버렸다. 그러나 이러한 욕망은 정말 우리를 행복하게 만들어주는가?

욕망은 결코 우리를 행복으로 이끄는 길이 아니며, 오히려 지속적인 결핍과 불안을 낳는 삶의 원인이라고 쇼펜하우어는 말한다. 욕망은 충족되는 순간에도 우리를 만족시키지 못하고, 곧바로 새로운 결핍으로 우리를 몰아넣는다. 결국 우리는 욕망을 따라가면서도 결코 채워지지 않는 허무함과 마주하게 된다. 우리는 욕망을 억누르며 살아야 하는 것일까? 쇼펜하우어는 욕망을 없애야 한다고 말하지 않는다. 오히려 그는 욕망을 어떻게 '적당히' 다루는가에 삶의 지혜가 담겨 있다고 강조한다. 더 많이 갖는 대신 지금 가진 것에 만족하는 법을 배우고, 끝없는 비교 대신 나만의 기준을 세우며 살아가는 태도. 바로 그것이 욕망과 현실 사이에서 균형을 잡는 첫걸음이다.

이제 우리는 2장에서 쇼펜하우어가 들려주는 욕망의 본질과 그

부작용을 마주하게 될 것이다. 끝없이 자라는 욕망의 구조, 욕망이 충족된 후에도 사라지지 않는 공허함, 타인의 시선과 비교 속에서 만들어지는 허상들. 그리고 그 모든 것을 내려놓을 때 비로소 찾아오는 진짜 자유와 평온함의 지혜.

 욕망에 끌려다니는 삶이 아니라 욕망을 다스리는 삶을 살아가기 위한 쇼펜하우어의 조언을 함께 따라가 보자. 욕망의 노예가 아니라 욕망의 주인이 될 수 있는 길은 멀리 있는 것이 아니라 '이만하면 충분하다'는 마음에서 시작된다.

1부

욕망의 본질과 인간의 불행

욕망은 왜 끝없이 자라는가?

우리는 언제쯤 만족할 수 있을까? 더 높은 연봉을 받으면, 더 넓은 집에 살게 되면, 더 많은 사람이 부러워하면 그제야 삶이 충분하다고 느낄 수 있을까? 실제로는 그렇지 않다. 어떤 목표를 이룬 순간의 기쁨은 생각보다 짧고 그 뒤에는 또 다른 갈망이 고개를 든다. 만족은 도달점이 아니라 통과지점일 뿐이다. 그렇게 인간의 욕망은 끝이 없다. 쇼펜하우어는 이러한 욕망의 구조를 '결핍'이라는 키워드로 설명한다.

"욕망은 충족될수록 커진다. 만족은 새로운 불만의 시작이다."

욕망은 채워지기 위해 존재하는 것처럼 보이지만 사실은 자기 자신을 계속해서 재생산하는 성질을 가진다. 우리는 욕망을 이루기 전에는 간절함에 휩싸이고, 이루는 순간에는 짧은 환희를 느끼지만, 이내 또 다른 결핍을 자각하게 된다. 예컨대 새 스마트폰을 손에 넣었을 때 느끼는 기쁨은 며칠을 가지 못하고 금세 '다음 모델'을 상상하게 된다. 욕망은 멈추지 않고, 채워지지 않으며, 늘 '그 다음'을 향해 우리를 몰아붙인다.

이 욕망의 악순환은 현대사회에서 더욱 강력하게 작동한다. 광고는 우리에게 끊임없이 말한다. **"지금보다 더 나아져야 한다."** SNS는 말없이 속삭인다. **"너는 아직 부족해."** 우리는 이런 외부의 목소리에 익숙해지고 어느새 그것이 내 욕망인 줄 안다. 친구의 성공 소식에 위축되고 타인의 삶을 보며 나를 의심한다. 욕망은 비교를 통해 살아 움직이며 비교는 끝없는 결핍을 낳는다. 결국 우리는 진짜 원하는 것을 쫓기보다 남들이 욕망할 만한 것을 욕망하게 되는 상황에 이른다.

쇼펜하우어는 욕망을 단순한 감정이 아니라 인간 존재를 움직이는 근본적 의지의 표현으로 본다. 그는 인간을 '맹목적인 의지의 도구'라고 말한다. 욕망은 생각보다 먼저 작동하며 인간은 그 뒤에서 스스로의 행동을 합리화할 뿐이다. 따라서 욕망은 선택이 아니라 전제이며 이 전제를 자각하지 못한 채 살아갈 때 우리는 삶의 방향을 잃는다. 이 점에서 욕망은 단순한 욕구를 넘어 존재의 중심을 흔드는 감정이다.

문제는 우리가 욕망을 통해 자신의 존재를 증명하려 한다는 데 있다. 더 많은 것을 소유하고, 더 높은 자리에 오를수록 자신의 가치가 입증된다고 믿는다. 그러나 이 믿음은 외부 기준에 뿌리를 두고 있다. 타인의 시선, 사회의 평가, 유행의 흐름같이 우리는 결국 사회가 바라는 사람의 모습을 욕망하게 되며, 그 과정에서 진정한 자기를 점점 잃어버린다. 쇼펜하우어는 이를 '타인의 의지에 종속된 상태'라고 지적하며 경고한다.

"욕망을 따르는 삶은 결국 자기 자신을 잃는 삶이다."

그렇다고 해서 욕망을 없애야 한다는 뜻은 아니다. 쇼펜하우어는 욕망을 부정하거나 금욕을 강요하지 않는다. 그는 다만 욕망의 정체를 꿰뚫어볼 것을 요구한다. 욕망은 충족이 아닌 결핍의 구조를 가지고 있으며 그것을 따르다 보면 끝없는 고통의 순환 속에 빠지게 된다. 이 구조를 인식하고 나면 우리는 욕망에 휘둘리는 대신 그것과 거리를 둘 수 있다. 핵심은 욕망을 삶의 주인으로 세우지 않는 것이다.

지금 이대로도 괜찮다고 말할 수 있을 때 우리는 욕망이 아닌 나 자신의 감각을 회복하게 된다. 쇼펜하우어가 말한 '적당히 사는 지혜'는 바로 여기서 출발한다. 욕망은 삶을 움직이는 연료가 될 수는 있어도 삶의 목적이 되어서는 안 된다. 욕망을 따르는 삶이 아니라 욕망을 다루는 삶 그것이 진정한 만족과 평온으로 향하는 첫걸음이다.

욕망 충족 후 찾아오는 공허함

많은 사람들은 욕망이 충족되면 행복이 찾아올 것이라 믿는다. 누구나 한 번쯤은 **"그것만 있으면 행복해질 수 있어"**, **"이 목표만 이루면 만족할 수 있을 거야"**라고 기대해본 경험이 있을 것이다. 그러나 실제로 욕망을 이룬 순간 우리가 마주하게 되는 것은 예상했던 기쁨이 아니라 오히려 설명하기 어려운 공허함이다.

쇼펜하우어는 욕망의 본질이 '만족'이 아닌 '결핍'에 있다고 강조한다. 다시 말해, 욕망은 충족되는 순간 더 이상 욕망이 아니게 되고 그 자리는 곧바로 또 다른 욕망이 차지하게 된다. 그래서 우리는 무언가를 손에 넣고 잠시 기뻐하다가도, 금세 또 다른 결핍을 느끼며 허무해지는 것이다.

"우리가 무언가를 원하고 그것을 얻기 위해 노력할 때는 행복하다고 착각하지만, 막상 그것을 손에 넣으면 곧바로 공허해지고 말 것입니다. 욕망이란 채워지는 순간 소멸하는 것이기 때문입니다."

우리는 더 높은 연봉, 더 큰 집, 더 좋은 차를 꿈꾸며 끊임없이 노력한다. 그러나 실제로 그것을 얻었을 때 느끼는 행복은 매우 짧게 지속된다. 얻는 순간의 만족감은 금세 사라지고 다시금 채워지지 않은 새로운 욕망이 우리를 괴롭힌다. 이렇게 끝없이 반복되는 욕망과 충족의 사이클 속에서 우리는 진정한 행복보다는 알 수 없는 공허함과 피로감을 더욱 크게 느끼게 된다 욕망이 충족된 후에도 공허함이 남는 이유는 우리의 마음이 항상 '부족한 것'을 먼저 바라보도록 길들여져 있기 때문이다. 욕망은 갖지 못한 것에 대한 집착에서 비롯되기에 하나의 욕망이 충족되면 마음은 즉시 또 다른 결핍을 찾아내고 새로운 욕망을 만들어낸다. 이 끝없는 순환 속에서는 결코 지속적인 만족과 평온을 얻을 수 없다. 그렇다면 쇼펜하우어는 이 끊임없는 욕망의 사이클에서 벗어나기 위해 무엇을 조언할까?

그는 무엇보다도 '욕망의 본질을 이해하고 그것을 내려놓는 연습'을 해야 한다고 말한다. 여기서 말하는 '내려놓음'이란 욕망을 억누르거나 완전히 없애라는 뜻이 아니다. 욕망을 지나치게 키우지 않고 적당한 수준에서 조절할 줄 아는 태도를 기르라는 의미다. 충족 이후 찾아올 공허함을 미리 알고 있다면 무작정 욕망을 쫓기보다 지금 내가 가진 것에 더 집중하고 감사할 수 있게 된다.

"더 많은 것을 원하기보다 지금 가지고 있는 것에 만족하는 법을 배운다면, 욕망 충족 후의 공허함이 아니라 진정한 행복이 찾아올 것입니다."

욕망의 본질을 깨닫고 현실에서 '적당히 만족하는 법'을 익히게 되면 우리는 더 이상 욕망 충족 후의 허무함에 시달리지 않게 된다. 오히려 삶은 더욱 안정되고 여유로워지며, 욕망을 다스릴 수 있는 지혜 속에서 삶의 진정한 기쁨과 의미를 발견하게 될 것이다.

욕망을 따라 사는 삶의 문제점

욕망은 단지 무언가를 원하게 만드는 감정이 아니다. 욕망은 뚜렷한 방향 없이 '더'를 요구한다. 지금보다 더 많이, 더 빠르게, 더 완벽하게. 문제는 이 '더'가 어디를 향하는지도 모른 채 무조건 앞으로 나아가야만 한다는 강박을 만들어낸다는 점이다. 그렇게 욕망은 종종 삶을 전진시키는 힘이 아니라 삶을 흐리게 만드는 혼란의 중심이 된다.

처음에는 단순히 필요해서 시작했던 욕망이 어느 순간부터는 목적이 되어버린다. 더 좋은 직장을 구하기 위해 준비했던 자격증이 어느덧 '갖지 않으면 불안한' 필수품이 되고, 단순한 관심이었던 취미가 '남보다 잘해야만 하는 성과'로 변한다. 욕망은 원래의 필요를 잊게 만들고 타인의 시선과 기준을 욕망의 연료로 삼는다. 쇼펜하우어는 이렇게 말한다.

"대부분의 사람은 자기 욕망을 따르지 않는다. 남들이 욕망하는 것을 흉내 내며 산다."

이 문장은 뼈아프지만 정확하다. 우리는 스스로 선택하고 결정하며 살아간다고 믿지만 많은 경우 그 욕망은 외부에서 주어진 것이다. 무엇이 멋진 삶인지, 어떤 것이 성공인지, 어떤 모습을 가져야 사람답다고 인정받는지… 이 모든 기준은 광고, 교육, 문화, 그리고 사회적 기대 속에 이미 정해져 있다.

문제는 우리가 그 기준에 너무 익숙해졌다는 점이다. 남들이 부러워할 만한 조건을 내 욕망으로 착각하고 타인의 기준에 도달하지 못했을 때 스스로를 실패자로 여기게 된다. SNS 속 타인의 삶을 보고 위축되고 주변 사람들의 성취에 비해 나의 현재가 초라해 보일 때 우리는 타인의 욕망에 잠식된 삶을 살고 있는 셈이다. 이처럼 욕망을 중심에 둔 삶은 결국 끊임없는 비교의 연속이다. 비교는 상대가 아니라 나를 공격한다. 나는 여전히 부족하고, 아직은 미완성이며, 더 나아져야 한다는 생각에서 벗어나지 못하게 만든다. 그리고 이 부족함은 곧 조급함으로 이어진지며, 더 늦기 전에 무엇이라도 해야 할 것 같고 지금 이대로는 안 된다는 불안감에 휩싸이게 된다. 삶은 점점 속도를 높이고 우리는 어느 순간 방향을 잃는다.

욕망은 또 다른 문제를 불러온다. 무엇을 위해 사는지 모르는 상태에 빠지게 만든다. 욕망은 강력한 추진력을 가지지만 목적이 없기 때문에 끊임없이 새로운 목표를 만들어낸다. 그 과정에서 삶은 끊임없는 달리기 경주처럼 변하고 쉬어가는 법을 잊게 된다. '왜 달리고 있는가'라는 질문은 사라지고, 오직 '달리지 않으면 안 된다'는 불안만이 남는다. 이것이 바로 욕망이 만들어내는 무의미함의 순환이다.

쇼펜하우어는 이런 상태를 철학적으로 '자기 소외'라고 표현했다. 자신의 내면에서 우러나온 진짜 욕망이 아니라 외부로부터 주어진 목표와 기준을 따라 살면서 점점 자기 자신과 멀어지는 상태. 그리고 이 상태는 인간을 불행하게 만들 뿐만 아니라 삶의 본질적인 의미를 잃게 만든다. 무엇을 이루어도 만족할 수 없고, 어느 위치에 올라가도 행복하지 않은 이유가 여기에 있다.

이처럼 욕망을 따라 사는 삶은 결국 두 가지 선택지로 귀결된다. 하나는 성취했음에도 불구하고 공허함에 시달리는 삶, 다른 하나는 성취하지 못해 끊임없는 좌절과 열등감에 시달리는 삶이다. 둘 모두 삶의 중심이 외부에 있다는 공통점을 가진다. 그리고 이 공통점이야말로 우리를 끊임없이 흔들리게 만드는 근본 원인이다. 그렇다면 해답은 무엇일까? 쇼펜하우어는 욕망을 없애라고 말하지 않는다. 그는 단지 욕망을 삶의 수단으로 둘 것인지, 삶의 주인으로 세울 것인지를 선택하라고 말한다. 욕망이 우리를 움직이게 할 수는 있지만 우리를 대신 선택하게 해서는 안 된다는 것이다. 나에게 진짜 중요한 것이 무엇인지, 지금 원하는 것이 정말 '내'가 원하는 것인지를 끊임없이 점검하는 것. 그 성찰이야말로 삶을 되찾는 첫걸음이다.

삶의 방향은 욕망이 아니라 질문에서 시작된다. **"나는 어디로 가고 있는가?", "나는 왜 이걸 원하는가?"** 이 질문을 마주할 용기가 있다면 우리는 더는 타인의 기준에 흔들리지 않는 삶을 살 수 있을 것이다. 그리고 그때야말로, 욕망을 따르는 삶에서 욕망을 다루는 삶으로 나아갈 수 있다.

쇼펜하우어가 본 욕망의 실체

쇼펜하우어는 인간의 삶을 움직이는 가장 본질적인 힘을 '의지'라고 보았다. 이 의지는 단순한 선택이나 의도와는 다르다. 그것은 이성 이전의 힘, 생존과 존재를 유지하려는 맹목적 에너지다. 인간은 이 의지에 의해 끊임없이 욕망하고 그 욕망은 다시 삶을 앞으로 밀어낸다. 문제는 이 의지가 멈추지 않는다는 것이다. 충족은 잠시의 쉼표일 뿐 이내 새로운 갈망이 이어진다. 쇼펜하우어는 이것을 인간 존재의 비극으로 보았다.

"욕망은 그 자체로 고통이며, 충족은 다른 고통의 시작이다."

이는 단지 비관적인 시선이 아니다. 오히려 삶의 구조를 정직하게 들여다본 결과다. 인간은 원하는 것을 얻기 전엔 괴롭고 얻고 나면 지루하다. 이 단순한 진실이 삶 전체를 지배한다. 쇼펜하우어는 이를 '고통과 권태 사이의 진자 운동'이라 불렀다. 욕망은 이 진자의 한쪽 끝에 있고, 충족은 곧 다른 쪽 끝으로의 이동일 뿐이다. 이러한 통찰은 현대인의 삶에도 그대로 적용된다. 우리는 늘 무언가를 기다린다. 승진, 휴가, 결혼, 퇴직 이후의 삶. 그런데 막상 그 순간이 오면 만족보다 다음 단계에 대한 불안이 더 커진다. 왜 그럴까? 쇼펜하우어는 욕망이 결코 우리를 만족시키는 감정이 아니라 스스로를 지속시키기 위해 끊임없이 새로운 갈증을 만들어내는 감정이기 때문이라고 본다. 욕망은 도구가 아니라 체계다. 우리가 끊임없이 욕망하게끔 삶 전체가 설계되어 있는 것이다.

더 심각한 것은 이 구조를 자각하지 못할 때다. 욕망을 현실 그 자체로 받아들이고 그것을 충족시키는 데에만 몰두하다 보면 우리는 삶 전체를 소비해버린다. 쇼펜하우어는 이런 삶을 '무의미함의 순환'이라 했으며, 고통을 줄이기 위해 욕망을 다스려야 한다고 말한다. 그는 금욕주의자가 아니었다. 다만 욕망의 구조를 깨닫고 삶의 중심에서 욕망을 한 걸음 물러나 보라는 것이다. 그렇다면 우리는 욕망을 어떻게 대해야 할까?

"욕망이 당신을 이끌지 않도록 하라. 당신이 욕망을 다루는 법을 익혀야 한다."

이는 욕망을 억제하라는 말이 아니다. 오히려 욕망을 하나의 감정으로 받아들이고 그것이 일으키는 흐름을 관찰하라는 뜻이다. 무엇인가를 원할 때, **"왜 내가 이걸 원하는가?", "이 욕망은 나의 본심인가, 사회적 기준인가?"** 라고 질문해보는 것. 이 작은 거리감이 욕망의 흐름을 주시하게 만들고 스스로를 통제할 수 있는 기반이 된다. 욕망의 실체를 아는 사람은 결핍에 무너지지 않는다. 충족의 허무함에도 당황하지 않는다. 그는 욕망의 본질이 고통이라는 사실을 인정하고 그 위에 삶의 균형을 세운다. 그것이 쇼펜하우어가 말한 지혜이며 우리가 욕망을 다루는 방식에 있어 가장 현실적이고 단단한 자세다.

쇼펜하우어에게 배우는
삶의 자세

✓ 욕망의 본질은 결핍임을 인식하라
욕망은 만족이 아닌 결핍에서 시작되며, 채워질수록 더 커진다.

✓ 욕망을 충족해도 공허함은 남는다
채워진 욕망은 곧 사라지고, 새로운 결핍이 그 자리를 채운다.

✓ 욕망에 끌려가지 말고 욕망을 다루어라
욕망은 다스려야 한다. 내가 욕망의 주인이어야 한다.

✓ 타인의 기대에서 생긴 욕망을 경계하라
내 욕망인지, 타인의 시선에서 비롯된 욕망인지 분별하라.

✓ 작고 단순한 것에서 기쁨을 느끼는 태도를 익혀라
"이만하면 충분하다"는 감각이 불안보다 깊은 만족을 준다.

2부

적당한 욕망이 주는 삶의 안정감

지나친 욕망이 불행한 이유

우리는 왜 불행한가? 대부분의 사람들은 돈이 부족해서, 일이 힘들어서, 인간관계가 피곤하다는 이유로 외부환경을 탓하곤 한다. 하지만 그 불행의 뿌리는 의외로 다른 데 있을지도 모른다. 우리가 너무 많이 원하기 때문에 불행한 것이다. 욕망은 살아가는 힘이 될 수 있다. 더 나아지고자 하는 마음은 때로 인간을 성장시키고 목표를 이루도록 이끈다. 그러나 욕망이 지나치면 그것은 곧 무게가 되고, 감당할 수 없을 만큼 욕망이 커질 때 삶은 조급하고 위태로워진다.

"욕망이 클수록 불행도 그만큼 커진다."

이 단순한 문장에는 삶의 중요한 진실이 담겨 있다. 욕망은 충족되지 않으면 괴롭고 충족되더라도 금세 더 큰 욕망을 부른다. 결국 욕망의 크기만큼 불만도 늘어난다.

지나친 욕망은 두 가지 문제를 일으킨다. 하나는 지금 이 순간을 부정하게 만든다는 것, 다른 하나는 삶 전체를 '결핍'의 연속으로 느끼게 한다는 것이다. 우리는 '이것만 있으면 괜찮을 텐데'라는 생각에 사로잡혀 현재를 희생하고 항상 어딘가 부족한 상태로 자신을 바라보게 된다. 그러다 보면 아무리 많은 것을 이루고 가져도 만족할 수 없다. 이미 가진 것은 당연해지고 가지지 못한 것만 눈에 들어온다.

이런 상태가 지속되면 마음은 늘 불안하고 초조하다. 삶이 안정되지 않은 것이 아니라 욕망이 우리를 불안정하게 만드는 것이다. 쇼펜하우어는 인간이 불행한 이유를 외부 조건에서 찾지 않는다. 그는 인간의 본질 즉, 끊임없이 갈망하는 '의지'에서 불행이 시작된다고 본다. 의지는 멈추지 않으며 그로 인해 인간은 한 번도 완전히 만족하는 법이 없다. 그래서 그는 이렇게 단언한다.

"행복이란 고통이 멈춘 순간의 짧은 착각에 불과하다."

현대 사회는 이 욕망을 더욱 자극한다. 우리는 타인의 삶을 실시간으로 보며 비교하고, 더 빠르게, 더 많이 이뤄야 한다는 압박에 시달린다. 성취의 기준은 계속 높아지고 지금 이 정도로는 안 된다는 생각이 습관처럼 자리 잡는다. 그래서 인간은 항상 부족한 존재로 자신을 인식하게 된다. 자존감은 떨어지고 삶의 무게는 더해진다. 이는 단순한 감정의 문제가 아니라 정신적 피로와 만성적인 자기불만으로 이어진다.

욕망이 커질수록 실패에 대한 두려움도 커진다. 작은 실패에도 크게 흔들리고 삶을 전체적으로 부정하게 된다. **"이것조차 못 해냈다니, 나는 안 되는 사람이다."** 이런 식의 자기비난은 스스로를 무력하게 만들고 점점 삶의 의욕을 빼앗는다. 지나친 욕망은 실패를 용납하지 않기 때문에 인간을 더 예민하고 불안정하게 만든다. 그러다보니 삶은 성취보다 스트레스로 가득 찬 경주가 되고 만다. 게다가 지나친 욕망은 관계도 망친다. 경쟁심이 강해지고 남보다 앞서야 한다는 생각에 사로잡히면 타인을 신뢰하기 어렵다. 협력보다 비교가 앞서고, 이해보다는 시기가 먼저 떠오른다. 결국 욕망은 혼자만의 싸움을 만들고 외로움과 불안 속에 자신을 고립시킨다. 이는 단순히 더 많은 것을 바라는 문제가 아니라 삶을 대하는 태도 전체를 망가뜨리는 것이다.

그렇다면 욕망은 무조건 나쁜 것일까? 그렇지 않다. 문제는 욕망의 '크기'와 '속도'다. 내가 감당할 수 없는 수준의 욕망, 너무 빠른 속도로 이루어야 한다는 압박이 사람을 불행하게 만든다. 쇼펜하우어는 욕망을 없애라고 말하지 않는다. 다만, 욕망이 삶의 중심이 되어선 안 된다고 말한다. 욕망은 삶을 이끄는 도구이지, 삶 그 자체가 되어서는 안 된다.

지나친 욕망은 결국 나를 지치게 하고 삶의 소중한 균형을 무너뜨린다. 그것은 성취의 불꽃처럼 보이지만 실은 마음을 갉아먹는 불씨다. 이제 우리는 질문해야 한다.

"나는 지금 원하는 것을 정말 필요로 하는가, 아니면 단지 더 원하고 싶은 것인가?"

이 질문 하나로 욕망의 크기를 재조정할 수 있다면 우리는 더 이상 욕망에 끌려다니지 않게 된다. 그리고 그때 비로소 삶은 조금 덜 불안하고, 조금 더 단단해질 수 있다.

욕망을 내려놓으면 얻는 것들

우리는 무엇인가를 내려놓는다는 말을 두려워한다. 포기라고 느껴지고 뒤처지는 것처럼 느껴진다. 하지만 욕망을 줄인다는 건 꼭 손해를 감수하는 일이 아니다. 오히려 불필요한 갈망을 내려놓을수록 우리는 삶의 여유와 중심을 되찾을 수 있다. 쇼펜하우어는 이렇게 말한다.

"욕망을 줄이는 것이야말로, 인간이 얻을 수 있는 가장 현실적인 자유다."

욕망은 결핍에서 출발한다. 채워지지 않은 상태가 계속되기 때문에 우리는 무언가를 간절히 원하고 그것을 이루기 위해 노력한다. 하지만 그 결핍의 감각에 사로잡히면 삶은 늘 부족하고 초조하다. 욕망을 내려놓는다는 것은 이 결핍을 인정하고 지금 이 순간의 충분함에 시선을 돌리는 일이다. 바꾸려 하기보다는 받아들이는 태도. 그것은 무기력함이 아니라 오히려 단단한 자기 확신에서 나온다.

욕망을 줄이면 마음이 가벼워진다. 당장 비교할 대상이 줄어들고 나의 속도대로 살아갈 수 있기 때문이다. 남보다 앞서야 한다는 생각을 내려놓으면 지금의 나를 있는 그대로 바라볼 수 있다. 그렇게 되면 삶의 기준이 외부가 아니라 나에게로 옮겨온다. 외부의 시선이나 평가보다 내면의 감각에 집중하게 되고 그것이 곧 자존감을 회복하는 길이 된다.

욕망을 내려놓으면 인간관계도 훨씬 편안해진다. 내가 모든 것을 가져야 한다는 생각을 놓는 순간 타인의 성취에 흔들리지 않게 된다. 질투보다는 응원을, 경쟁보다는 연대를 선택할 수 있다. 그렇게 타인과의 관계에서도 진심이 오가고 불필요한 긴장이나 비교가 사라진다. 결국 욕망을 줄인다는 것은 타인을 적으로 삼지 않는다는 의미이기도 하다.

또한 욕망을 덜어내면 일상의 소소한 것들이 더 소중하게 느껴진다. 평범한 하루가 안정감으로 다가오고 커피 한 잔에도 고요한 만족을 느낄 수 있다. 이는 쇼펜하우어가 강조한 '소극적 행복'과도 연결된다.

"행복은 더 얻는 데 있지 않고, 덜 괴로워지는 데 있다."

우리는 늘 더 많이 가지려고 애쓰지만 실은 삶의 평온은 고통을 줄이는 데서 시작된다. 욕망을 줄이는 행위는 곧 내면의 소음을 줄이는 일이기도 하다.

무엇보다 욕망을 내려놓으면 삶의 속도를 조절할 수 있다. 불필요하게 앞서갈 필요가 없고 때로는 멈추는 것도 두렵지 않다. 지금 내가 서 있는 자리를 긍정할 수 있는 사람은 미래를 더 잘 살아갈 준비가 된 사람이다. 쇼펜하우어는 욕망을 덜어냄으로써 삶의 방향을 바르게 세울 수 있다고 말한다. 그것이 도피가 아니라 진짜 자기 확립의 과정이라는 것이다. 모든 욕망을 없앨 수는 없으며, 그럴 필요도 없다. 중요한 것은 욕망을 다스릴 줄 아는 태도다. 필요 이상으로 가지려는 마음, 남보다 더 나아야 한다는 강박, 지금의 나를 부정하게 만드는 생각 이런 것들을 하나씩 내려놓는 것만으로도 삶은 훨씬 단순하고 단단해진다.

욕망을 내려놓는다는 것은 삶을 덜 소비하고 더 존중하는 방식이다. 끝없이 채우기보다는 지금 가진 것을 충분히 누리는 법. 그것이야말로 쇼펜하우어가 말하는 가장 실용적이고 현실적인 지혜다. 욕망을 줄이고 얻는 것은 단순한 평화가 아니다. 그것은 내가 나로서 살아갈 수 있는 여백과 안정감이다.

지나친 완벽주의에서 벗어나기

완벽주의는 언뜻 보기엔 긍정적인 특성처럼 들린다. 책임감이

강하고, 자신에게 엄격하며, 더 나은 결과를 추구하는 태도. 하지만 지나치면 삶을 지속적으로 괴롭히는 내적 압박으로 바뀐다. 완벽함을 기준으로 삼게 되면 우리는 매 순간 부족하고, 실패하고 있다는 감각에 시달리게 된다.

쇼펜하우어는 인간이 불행한 이유를 외부가 아닌 내부에서 찾았다. 그는 '인간은 자신을 채찍질하는 의지의 노예'라고 말한다. 완벽주의도 이 의지의 한 형태다. 우리는 '더 잘해야 한다'는 생각에 사로잡히고 스스로 설정한 높은 기준에 도달하지 못하면 자책한다. 일이 끝나도 만족보다는 후회가 먼저 오고 잘한 것보다 못한 점이 자꾸 눈에 들어온다. 이런 심리 구조에서는 어떤 결과도 충분하지 않다.

완벽주의는 욕망의 또 다른 얼굴이다. 더 나아지고자 하는 마음은 성장의 동력이 될 수 있지만 끝없이 스스로를 시험대에 올리는 삶은 결국 지치게 만든다. 무엇이든 최고가 되어야 하고 실수 없이 완벽하게 해내야 한다는 생각은 우리를 긴장과 불안 속에 가둔다. 소소한 실수도 용납하지 못하고 작은 결함에도 스스로를 깎아내리게 된다. 이러한 완벽주의는 결국 자기 자신과의 관계를 망친다. 우리는 자신을 있는 그대로 받아들이지 못하고 늘 '지금보다 나아져야 하는 존재'로 본다. 그러다 보면 자존감은 바닥을 치고 자꾸만 타인의 평가에 휘둘리게 된다. **"잘하고 있는 걸까?"** 라는 질문이 머릿속을 떠나지 않고 결국 삶의 주도권이 내 안이 아닌 밖으로 넘어가 버린다.

완벽주의는 관계에서도 문제를 일으킨다. 자신에게 엄격한 사람은 타인에게도 무의식적으로 높은 기준을 적용하게 된다. 실수를 쉽게 용납하지 못하고 기대에 못 미치는 사람에게 실망하거나 거리를 둔다. 이는 서서히 고립을 불러오고 진심이 통하는 관계 대신 조건과 평가가 앞서는 관계로 흘러간다. 또한 완벽주의는 일상을 피로하게 만든다. 단순한 과제조차 끝없이 다듬게 만들고 결정을 내리는 데도 과도한 시간을 들이게 한다. 시행착오를 허용하지 못하니 도전을 망설이고 결국 행동보다 고민이 많아진다. 쇼펜하우어는 이런 상태를 '이성과 의지가 충돌하는 내부 전쟁'이라 말한다. 이성은 지금도 충분하다고 말하지만 의지는 늘 '아직 아니다'라고 고집한다.

완벽주의에서 벗어나려면 어떻게 해야 할까? 핵심은 '적정선'이라는 감각을 회복하는 것이다. 나에게 필요한 만큼 감당할 수 있는 만큼의 목표를 설정하고 어느 정도면 충분하다는 선을 정하는 것. 이건 타협이 아니라 지속 가능한 삶을 위한 전략이다. 모든 걸 완벽하게 하려다 정작 중요한 것을 놓치는 삶보다 중요한 것을 중심에 두고 나머지는 흘려보낼 줄 아는 태도가 훨씬 더 지혜롭다. 또한 실수와 결함을 '인간적인 것'으로 받아들이는 태도도 필요하다. 실수는 실패가 아니라 경험이며 결함은 성장의 여지다.

"인간은 결코 완벽할 수 없기에, 자기 자신을 관대하게 대하는

것이야말로 철학적 태도다."

완벽하지 않아도 괜찮다는 감각은 우리를 해방시킨다. 그것은 의욕을 꺾는 것이 아니라 자신을 온전히 이해하고 받아들이는 길이다. 무언가를 놓치더라도 내가 무가치한 존재가 아니라는 믿음. 이 믿음을 회복할 때 우리는 비로소 완벽주의의 압박에서 벗어나 삶의 중심을 되찾을 수 있다.

삶을 단순화하는 실천법

우리는 많은 것을 가지려고 애쓰며 살아간다. 더 많은 정보, 더 넓은 인간관계, 더 복잡한 일정. 삶을 효율적으로 꾸려가는 것 같지만 정작 마음은 늘 지치고 산만하다. 하루를 바쁘게 보냈는데도 남는 게 없고 멈춰 서면 허무함이 밀려온다. 왜일까?

"인간은 외부를 채우려는 만큼, 내부는 공허해진다."

삶이 복잡해질수록 우리는 본질에서 멀어진다. 중요한 것이 무엇인지 헷갈리고 사소한 것에 휘둘린다. 단순함은 이 혼란을 정리해주는 가장 효과적인 방법이다. 단순하다는 건 게으르다는 뜻이 아니다. 오히려 무엇을 지키고 무엇을 버릴지를 명확히 아는 매우 능동적인 선택이다. 단순함은 삶의 핵심에 더 가까이 다가가도록 도와준다.

삶을 단순화한다는 건 물리적 공간을 정리하는 것에서 시작할 수 있다. 지나치게 많은 물건은 우리의 선택과 집중을 흐리게 만든다. 매일 입지 않는 옷, 쓰지 않는 물건, 필요 이상으로 쌓아둔 소비는 마음에도 불필요한 부담을 준다. 물건을 줄이면 행동이 간결해지고 마음의 여백이 생긴다. 적게 가질수록 오히려 더 자유로워진다.

다음은 정보와 자극을 덜어내는 것이다. 우리는 스마트폰 하나로 하루에도 수백 개의 정보와 마주한다. 유익해 보이지만 대부분은 삶에 직접적인 도움이 되지 않는다. 그 정보들은 집중력을 흐리고, 사소한 비교와 불안을 유발한다. 하루 중 일정 시간은 의도적으로 차단하는 것이 필요하다. 뉴스를 안 보면 세상이 무너질 것 같지만 막상 그렇지 않으며, 정보는 충분히 덜어내도 괜찮다. 인간관계 역시 정리가 필요하다. 모두와 잘 지내야 한다는 강박은 우리를 소모시킨다. 꼭 연락을 유지할 필요 없는 관계, 마음이 불편해지는 관계, 진심 없이 유지되는 관계는 과감히 정리해도 된다. 적은 사람과 깊이 있는 관계를 맺는 것이 많은 사람과 얕게 연결된 것보다 훨씬 충만하다. 단순한 관계는 감정을 덜 소비하게 하고 더 따뜻한 연결을 가능하게 한다.

삶을 단순화하는 또 다른 실천은 일정과 목표를 줄이는 것이다. 오늘 해야 할 일, 이번 달에 이뤄야 할 것, 올해 안에 이루고 싶은 것들 중 정말 중요한 것은 몇 개나 될까? 너무 많은 목표는 오히려 집중을 방해한다. 욕심을 줄이고 하루에 한두 개의 핵심 과제에만 집중하는 것이 오히려 더 깊이 있는 결과를 만든다. 계획보다 실행이 중요하고 양보다 깊이가 더 큰 만족을 준다.

무엇보다 중요한 건 마음의 패턴을 단순화하는 것이다. 불필요한 걱정, 과도한 자기비판, 끝없는 비교 이 모든 감정은 습관처럼 반복된다. 생각의 방향을 바꾸는 연습이 필요하다. 지금 여기에 집중하고, 가능한 것을 하고, 안 되는 건 흘려보내는 마음. 이 단순한 태도가 일상을 훨씬 평온하게 만든다. 쇼펜하우어는 **"불필요한 생각은 마음의 소음을 키운다"** 라고 했다. 소음을 줄여야 삶의 본질이 들리기 시작한다.

삶을 단순화하면 얻는 것은 고요함만이 아니다. 방향이 또렷해지고, 선택이 쉬워진다. 무엇을 향해 나아가야 할지, 무엇을 붙잡고 무엇을 놓아야 할지 분명해진다. 단순함은 혼란을 정리하는 철학이고 자기 삶을 돌보는 가장 실질적인 방식이다.

이제 우리에게 필요한 것은 '더 많이'가 아니라 '더 명확하게' 사는 일이다. 단순한 삶은 가난한 삶이 아니라 정리가 잘 된 삶이다. 꼭 필요한 것만 곁에 두고 나에게 중요한 것에 집중할 수 있는 상태. 그것이야말로 진짜 안정감이 깃든 삶이다.

쇼펜하우어에게 배우는
삶의 자세

✓ 지나친 욕망은 오히려 삶을 파괴한다

더 많이 원할수록 삶은 불안해지고 현재는 불만족스러워진다.

✓ 욕망을 내려놓으면 마음이 가벼워진다

덜 원할수록 잃을 것도 적고, 삶의 여유가 드러난다.

✓ 완벽주의를 내려놓고 '충분함'에 익숙해져라

완벽 대신 적당함을 받아들여야 일상이 편안해진다.

✓ 단순한 삶이 진짜 여유를 만든다

복잡한 것을 덜어낼수록 마음은 안정되고 집중력은 높아진다.

✓ '적당히 산다'는 것은 포기가 아니라 선택이다

덜 가지는 삶 속에서 더 큰 만족과 자유를 누릴 수 있다.

3부

타인의 인정에서 자유로워지기

타인의 시선이 만든 욕망

욕망은 언제부터 시작되는가? 그것은 '누군가의 시선'을 의식하면서 시작된다. 내게 필요해서가 아니라 남들이 어떻게 볼까를 기준으로 어떤 것을 원하게 되는 순간 우리는 더 이상 자신의 삶을 사는 것이 아니다.

"우리는 욕망 그 자체보다, 타인의 시선을 더 욕망한다."

어릴 적에는 단순히 좋아서 무언가를 원했다. 장난감 하나, 간식 하나에도 진심이었다. 하지만 나이가 들면서 우리는 '남들이 어떻게 생각할까'를 먼저 따지게 된다. 좋은 대학, 좋은 직장, 보기 좋은 외모, 안정된 결혼 이 모든 욕망은 개인의 욕구처럼 보이지만 사실은 사회가 만들어 놓은 틀에서 비롯된 경우가 많다. 우리는 자기 욕망인 줄 알고 따라가지만 실은 타인의 기대를 욕망하고 있는 셈이다.

문제는 이 욕망이 매우 정교하다는 점이다. 광고는 말하지 않는다. **"당신은 이게 정말 필요한가요?"** 대신 **"이걸 가지면 멋져 보일 거예요."** 라고 말한다. SNS는 **"나답게 살자"** 는 메시지를 품은 듯하지만 끊임없이 비교와 부러움을 유도한다. 결국 우리는 '갖고 싶어서'가 아니라 '그럴듯해 보여서' 욕망하게 된다. 쇼펜하우어는 이런 욕망을 '간접적 욕망'이라 부르며 ***"그것은 자신의 의지가 아니라 외부 의지의 반영일 뿐"*** 이라고 말했다.

타인의 시선은 욕망을 부추길 뿐만 아니라 기준도 흔들어놓는다. 내가 정말 원하는 것이 무엇인지보다 남들이 괜찮다고 여기는 것이 더 중요해진다. 집을 고를 때도, 직업을 선택할 때도, 진로를 고민할 때도 스스로에게 묻기보다 타인의 평가를 먼저 떠올리게 된다. 그렇게 우리는 점점 '사회가 원하는 사람'으로는 가까워지지만 '내가 원하는 나'와는 멀어지게 된다.

이런 삶은 필연적으로 피곤하다. 늘 누군가의 기준에 맞춰야 하기에 스스로를 끊임없이 조정해야 한다. 지금의 나는 괜찮은가? 충분히 멋져 보이나? 뒤처지지 않았나? 이런 질문이 머릿속을 떠나지 않으며 결국, 자연스러운 삶이 아닌 '꾸며진 삶'을 살아가게 된다. 결국 마음의 중심은 외부로 옮겨가고, 자존감은 타인의 반응에 따라 요동치게 된다. 더 무서운 건, 이 욕망이 끝이 없다는 점이다. 하나를 성취해도 또 다른 기준이 나타나고 타인의 시선은 항상 더 높은 것을 요구한다. 처음에는 단지 남들보다 낫고 싶었을 뿐인데 어느 순간부터는 '남들만큼은 되어야 한다'는 불안에 사로잡힌다. 그리고 그 불안은 나를 끊임없이 몰아붙이고 결국 아무리 이뤄도 만족할 수 없는 상태에 빠지게 한다.

"타인의 시선 속에서 살면, 나의 삶은 끊임없는 연극이 된다."

이 말은 과장이 아니다. 우리는 무대 위에 선 사람처럼 끊임없이 연기하고, 평가받고, 박수를 기다린다. 하지만 아무리 좋은 연기를 해도 내면 깊은 곳에서는 허무함이 자라난다. 왜냐하면 진짜 나는 그 무대 뒤에 가려져 있기 때문이다. 그렇다고 타인의 시선을 완전히 무시하며 살 수는 없다. 인간은 사회적 존재이고 어느 정도의 인정은 살아가는 데 필요하다. 그러나 욕망의 출발점이 자기 안에서 나왔는가, 아니면 타인의 시선에서 비롯되었는가를 분별할 수는 있다. 욕망은 자연스럽게 생겨나는 것이지만 그것을 따라갈지 말지는 우리의 선택이다.

우리가 먼저 해야 할 일은 스스로에게 솔직해지는 것이다. **"나는 왜 이걸 원하는가?", "정말 나에게 필요한가, 아니면 남들이 부러워할 만해서인가?"** 이 질문들은 욕망의 정체를 밝혀주는 작은 등불이다. 그리고 이 질문을 꾸준히 던지는 사람은 타인의 시선에 덜 흔들리고 자신만의 길을 걸을 수 있다.

욕망은 늘 우리 안에 있다. 하지만 그 욕망이 누구를 위한 것인지 알게 될 때 우리는 비로소 자유로워질 수 있다. 쇼펜하우어가 말한 '적당한 거리'란 바로 그 욕망과 나 자신 사이에 건강한 간격을 두는 것이다.

인정 욕구가 삶을 힘들게 하는 이유

누군가에게 인정받고 싶다는 마음은 인간이라면 누구나 가진 감정이다. 누군가가 **"잘하고 있어요"**, **"당신은 괜찮은 사람이에요"**라고 말해주면 마음이 놓이고 살아갈 힘이 생긴다. 문제는 이 인정 욕구가 너무 커졌을 때다. 인정받아야만 괜찮다고 느끼게 되는 순간 삶은 누군가의 평가에 휘둘리는 시험장이 되어버린다.

인정 욕구는 처음엔 자연스럽고 당연한 감정이지만 그것이 과해지면 내 삶의 중심이 타인에게 넘어간다. 내가 나를 어떻게 생각하는지는 점점 중요하지 않게 되고, 타인이 나를 어떻게 보는지가 전부가 된다. 쇼펜하우어는 이러한 상태를 '의지의 소외'라고 불렀다. 자신을 움직이는 힘이 더 이상 자기 안에 있지 않고, 외부로 넘어간 상태 이 상태에 빠지면 삶은 끊임없는 불안 속에 흔들린다.

인정 욕구가 강한 사람일수록 타인의 말과 표정에 민감하다. 작은 무시에도 쉽게 상처받고 칭찬 한 마디에 기분이 들뜨기도 한다. 하루의 기분이 타인의 반응에 따라 오르내리는 것이다. 이런 삶은 피곤하고 위험하다. 왜냐하면 타인의 반응은 내가 통제할 수 없는 것이기 때문이다. 누군가가 나를 알아주지 않는다고 해서 내가 무가치해지는 것은 아니지만, 인정 욕구가 강한 사람은 그렇게 느낀다. 더 큰 문제는 인정받기 위해 자신의 본심을 자꾸 포장하게 된다는 점이다. 하고 싶은 말도 참고, 하기 싫은 일도 억지로 해내며 결국 자신의 감정과 욕구를 점점 억누르게 된다. 그렇게 쌓인 감정은 결국 자존감을 갉아먹고 **"나는 왜 항상 이렇게 살아야 하지?"** 라는 회의감으로 이어진다. 인정받기 위해 시작한 행동이 결국 나를 잃게 만드는 것이다.

인정 욕구는 중독처럼 작용한다. 한 번 누군가의 칭찬에 기쁨을 느끼면 다음에도 그 칭찬을 갈망하게 된다. 그리고 그것이 반복될수록 점점 더 강한 인정이 필요해진다. 처음에는 단순한 칭찬이면 만족했지만 나중에는 더 크고 분명한 형태의 인정이 필요해진다. '좋아요' 하나로 기분이 좋아지던 사람이 나중에는 수백 개의 반응이 없으면 불안해지는 것과 같다. 쇼펜하우어는 이를 '욕망의 확대 작용'이라고 불렀다. 인정도 욕망의 한 형태이기에 충족될수록 더 커지고 만족은 점점 더 어려워진다.

또한, 인정 욕구는 비교와 경쟁을 불러온다. 나보다 더 인정받는 사람을 보면 위축되고, 질투하고 때로는 스스로를 부정한다. 내가 잘하고 있음에도 불구하고 타인이 더 많이 박수를 받을 때 나의 성취는 의미 없게 느껴진다. 결국 우리는 누군가의 인정을 얻기보다는 타인을 이겨야만 인정받을 수 있다는 왜곡된 신념에 빠지게 된다. 그렇다면 인정 욕구는 어떻게 다루어야 할까?

"인간은 외부에서 가치를 구하려 할수록, 내부는 공허해진다."

이 말은 우리가 타인의 인정으로 자존감을 채우려 할수록 오히려 더 불안정해진다는 뜻이다. 결국 인정은 외부에서 받아야만 완성되는 것이 아니라, 스스로 자신을 긍정할 때 진짜 힘을 가진다. 인정받고 싶다는 감정 자체를 없앨 필요는 없다. 단지, 그 인정이 전부가 되지 않게 경계할 필요는 있다. 누군가의 평가가 나의 기준이 되지 않도록 스스로에게 먼저 물어야 한다. **"나는 지금 이 선택을 자랑스럽게 여기는가?", "내가 나를 인정할 수 있는가?"** 이 질문이 있다면, 우리는 외부의 박수 없이도 단단한 삶을 살 수 있다.

타인의 기대에서 벗어나 자신으로 사는 법

우리는 자주 누군가의 기대 안에서 살아간다. 부모가 바라는 모습, 사회가 요구하는 역할, 조직이 기대하는 태도. 처음에는 맞추고자 애쓴다. 사랑받기 위해, 인정받기 위해, 버림받지 않기 위해. 하지만 시간이 지날수록 그것은 무거운 옷처럼 느껴진다. 내 몸에 맞지 않는데도 계속 입고 있어야 하는 느낌. 타인의 기대는 그렇게 조금씩 나를 지워간다.

문제는 대부분의 사람들이 그 기대에 익숙해진다는 것이다. 오래되면 당연해지고 스스로도 그것이 진짜 나인 줄 착각하게 된다. 하지만 어느 날 문득 깨닫게 된다. "**나는 지금 나로 살고 있는 걸까, 아니면 누군가가 바라는 모습으로 흉내 내며 살고 있는 걸까?**" 이 질문이 들리는 순간 우리는 비로소 진짜 삶의 방향을 고민하게 된다.

"자신이 아닌 것을 연기하는 삶은, 살아 있는 것처럼 보이지만 죽어 있는 것과 같다."

그는 인간이 타인의 의지에 따라 사는 삶을 '의지의 왜곡'이라고 표현했다. 타인의 기대는 겉으로는 친절하지만 내면을 마비시킨다. 그것을 따를수록 삶은 효율적일 수는 있어도 진실할 수는 없다. 우리는 왜 타인의 기대에서 벗어나지 못할까? 이유는 단순하다. 두렵기 때문이다. 거절당할까 봐, 실망시킬까 봐, 혼자 남을까 봐. 하지만 그 두려움은 종종 과장되어 있다. 진짜 무서운 것은 타인을 실망시키는 것이 아니라 자신을 끝까지 외면한 채 사는 삶이다. 남들에겐 좋은 사람인데 나에게는 단 한 번도 진심이었던 적이 없는 그런 삶 말이다.

타인의 기대에서 벗어나려면 첫번째로 '내가 무엇을 원하는지'를 알아야 한다. 하지만 여기서 많은 사람들이 막힌다. 너무 오래 타인의 기준에 맞춰 살아왔기에 정작 자기 욕망이 무엇인지 떠올리기 어렵다. 그래서 첫걸음은 거창한 결심이 아니라 작은 자각이다. "**이건 내가 진심으로 원하는 일인가?**", "**지금 이 결정에 내 의지가 들어 있는가?**" 이 질문을 반복하면 잊고 있던 나의 감각이 서서히 되살아난다.

두 번째는 '거절의 용기'를 기르는 일이다. 기대에 맞추지 않으려면 당연히 실망시킬 수도 있다. 하지만 그 실망은 관계의 끝이 아니라, 진짜 나로 존재하는 출발점이다. 진정한 관계는 타인의 기대를 무조건 채워주는 데서가 아니라 나의 경계를 솔직하게 보여주는 데서 시작된다. 때로는 **"나는 그렇게 살고 싶지 않아요"**라고 말할 수 있어야 한다. 그 말이 서툴고 불편해도 괜찮다. 그건 처음으로 나 자신을 선택한 증거이기 때문이다.

세 번째는 '완벽하게 벗어나려 하지 않는 것'이다. 우리는 사회 속에서 살아가는 존재이고 일정 부분은 타인의 기대와 관계 속에서 조정될 수밖에 없다. 중요한 건 항상 나의 선택이 개입된 삶을 사는 것이다. 무작정 반항하거나 모든 관계를 끊자는 이야기가 아니다. 타인의 기대를 의식하더라도 마지막 결정권은 나에게 있다는 감각을 지키는 일. 그것이 곧 자유다.

쇼펜하우어는 '진짜 자유란, 외부의 압력 없이 자기 의지대로 살 수 있는 상태'라고 했다. 그 자유는 큰 성공이나 부와는 상관이 없다. 오히려 평범한 일상 속에서 자신에게 솔직한 선택을 할 수 있을 때 비로소 느껴진다. 누군가의 시선보다 나의 내면을 더 많이 신경 쓰는 삶. 그것이 자신으로 사는 삶이다.

마지막으로 기억해야 할 것은 타인의 기대를 저버린다고 해서 우리가 틀린 선택을 하는 것은 아니라는 점이다. 모두가 맞다고 해도 내가 불편하면 옳지 않은 길이다. 모두가 틀렸다고 해도 내가 확신하면 걸어갈 가치가 있는 길이다. 타인의 기대보다 나의 기준을 믿는 것 그것이 자기 삶을 살아가는 첫걸음이다.

나만의 기준으로 만족하기

삶에서 가장 흔한 불행은 '이 정도면 충분하다'고 느끼지 못하는 데서 시작된다. 잘해도 부족하고 이뤄도 만족스럽지 않다. 이유는 단순하다. 기준이 내 것이 아니기 때문이다. 다른 사람의 삶을 기준 삼고 사회가 요구하는 수준을 따라가다 보면 지금의 나는 늘 '조금 모자란 사람'이 된다. 비교는 욕망을 키우고 욕망은 만족을 방해한다.

"만족은 외부에서 오는 것이 아니라, 자기 기준에서 비롯된다."

이 말은 삶의 핵심을 꿰뚫는다. 아무리 많은 것을 이뤄도 내가 세운 기준이 아니면 마음은 채워지지 않는다. 누군가의 칭찬, 남들의 부러움, 사회적 성공이 만족을 대신할 수는 없다. 진짜 만족은 오직 내가 나의 삶에 고개를 끄덕일 수 있을 때 생긴다.

하지만 우리는 종종 그 기준을 잃는다. 학교에서는 성적이 기준이고, 사회에서는 돈과 지위가 기준이며, 인간관계에서는 인기가 기준이 된다. 이런 외부 기준에 익숙해지면 자신의 내면의 목소리는 점점 작아진다. 그래서 자기가 무엇을 좋아하고 어디에서 기쁨을 느끼는지조차 모르게 된다. 삶은 '살아가는 것'이 아니라 '평가받는 것'으로 변해버린다.

이런 상태에서 벗어나려면, 먼저 나만의 기준을 세워야 한다. 그것은 거창할 필요 없다. **"나는 오늘 하루를 후회 없이 보냈는가?", "내가 중요하게 여기는 가치를 지켰는가?"**와 같은 질문이면 충분하다. 성취의 크기보다 방향이 중요하다. '남보다 앞섰는가' 보다 '내가 원하는 방향으로 가고 있는가'가 더 중요한 질문이다. 그 기준을 중심에 둘 때 삶은 흔들리지 않는다.

자기 기준을 세운 사람은 비교하지 않는다. 남의 속도에 흔들리지 않고 자신의 걸음에 집중할 줄 안다. 어떤 날은 빠르게 어떤 날은 느리게 가더라도 괜찮다고 말할 수 있다. 그 안정감은 외부 환경이 아니라 내가 나를 어떻게 바라보는가에서 나온다. 쇼펜하우어는 이를 '내면적 만족'이라 불렀다. 남이 보기엔 별거 없어도 스스로는 충분하다고 느끼는 상태. 그것이야말로 가장 단단한 행복이다.

이 기준은 자존감을 지키는 데도 필수적이다. 타인의 기준에 맞추면 잘해도 불안하고 못하면 자책하게 된다. 반면 내 기준이 있으면 실수해도 크게 흔들리지 않는다. **"이건 내가 선택한 일이고, 나는 충분히 노력했어."** 이런 생각이 자존감을 회복시킨다. 완벽하지 않아도 괜찮고 조금 부족해도 스스로를 긍정할 수 있게 된다. 물론 세상이 내 기준을 항상 인정해주진 않는다. 때로는 오해 받고 평가절하될 수도 있다. 하지만 내 안에서 확고한 기준이 있다면 그런 시선에도 쉽게 무너지지 않는다. 외부의 평가가 중심이 아니라 내 선택에 책임지는 태도. 그것이야말로 자기 삶을 살아가는 사람의 자세다.

나만의 기준을 세우는 일은 결국 '삶의 우선순위를 정하는 일'이다. 남이 말하는 성공보다 내가 느끼는 평온을 선택하는 것. 모두가 달려가는 길 대신 나에게 의미 있는 길을 걷는 것. 삶은 경주가 아니며 누구보다 먼저 도착한다고 해서 반드시 더 행복한 것은 아니다. 중요한 건 내가 선택한 방향으로 나의 속도로 가고 있다는 감각이다.

"지금 내가 만족하는 이 삶은, 과연 누구의 기준 위에 있는가?"

이 질문에 자신 있게 '내 기준'이라 답할 수 있다면 우리는 이미 누군가의 시선에서 벗어나 자기 삶을 살아가고 있는 것이다.

쇼펜하우어에게 배우는
삶의 자세

✓ 타인의 시선이 욕망을 부추긴다

진짜 원하는 것이 아니라, 남들이 칭찬해줄 것만 쫓게 된다.
그럴수록 삶은 점점 더 불편해진다.

✓ 인정받으려 애쓸수록 더 지치게 된다

인정 욕구는 끝이 없고, 결국 자신을 잃게 만든다.

✓ 타인의 기대보다 자신의 목소리에 귀 기울여라

기대를 충족시키는 삶이 아닌,
내면의 소리에 충실한 삶이 진짜 자유를 가져다준다.

✓ '나는 어떤 사람인가'라는 질문을 반복하라

나만의 기준이 생기면 타인의 판단에 흔들릴 이유가 없다.

✓ 자신의 삶에 스스로 만족하라

남의 인정이 없어도 진짜 만족은 '내가 괜찮다고 느끼는 순간'에 온다.

Arthur Schopenhauer

4부

인생을 '적당히' 살기 위한 쇼펜하우어의 조언

만족을 아는 삶이 행복하다

행복해지기 위해 우리는 끊임없이 뭔가를 더 가지려 한다. 더 높은 성과, 더 많은 인정, 더 좋은 조건. 그러나 이런 노력에도 불구하고 마음은 좀처럼 채워지지 않는다. 왜일까? 쇼펜하우어는 이 질문에 단호하게 답한다.

"행복은 더 많이 가질 때가 아니라, 만족을 느낄 줄 알 때 비로소 시작된다."

우리는 자주 착각한다. 어떤 조건이 갖춰지면 행복해질 수 있다고. 하지만 삶의 만족은 특정한 순간이나 사건에서 생기는 것이 아니다. 오히려 '지금 이대로'의 상태를 받아들이고 그 안에서 충분함을 느끼는 사람만이 진짜 평온을 누릴 수 있다. 욕망은 늘 다음을 향하고 만족은 현재에 머문다. 그래서 욕망이 클수록 만족은 멀어진다.

만족은 단순히 포기하거나 체념하는 태도가 아니다. 그것은 '더 가지지 않아도 괜찮다'는 내면의 여유다. 지금 가진 것으로도 충분하다고 느끼는 감각. 이것은 외부 조건이 아니라 내면의 태도에서 비롯된다. 쇼펜하우어는 이를 '부재의 행복'이라 불렀다. 고통이나 결핍이 없는 상태 지금 이상하게 특별한 문제가 없는 그 순간 자체가 사실은 행복이라는 뜻이다. 하지만 우리는 이 부재의 행복을 자주 놓친다. 평범한 일상을 당연하게 여기고 불만을 찾는 데 익숙해진다. 커피 한 잔의 여유, 아무 일도 일어나지 않은 하루, 누군가의 따뜻한 말 한마디. 이런 것들은 특별하지 않다는 이유로 무시되기 쉽다.

"가장 평범한 것이 사라질 때, 우리는 비로소 그것의 가치를 깨닫는다."

행복을 멀리서 찾으려 할수록 삶은 바빠지고 조급해진다. 우리는 성취해야만 기뻐할 자격이 있다고 믿고 끊임없이 비교하며 스스로를 다그친다. 이럴 때 만족은 사치처럼 느껴지고 만족하려는 태도는 발전을 멈추는 일처럼 여겨진다. 하지만 실상은 그 반대다. 만족을 아는 사람만이 자신의 욕망을 다스릴 수 있고 자신이 진짜 원하는 것이 무엇인지 분별할 수 있다.

만족을 모르는 사람은 아무리 많은 것을 가져도 허전하다. 성과와 보상을 통해 기쁨을 얻지만 그 기쁨은 오래가지 않는다. 항상 새로운 자극을 필요로 하고 더 나은 무언가를 갈망한다. 만족을 기준으로 삶을 설계하지 않으면 우리는 끝없는 경쟁 속에서 쉬지 못한 채 살아가게 된다.

어떻게 해야 만족을 배울 수 있을까? 첫째, 지금 가진 것을 세어보는 연습이 필요하다. 당연하게 여기던 것들을 다시 바라보는 일. 몸이 건강하다는 것, 가족이 곁에 있다는 것, 아침에 눈을 뜰 수 있다는 것 이런 평범한 사실들 안에서 감사를 느끼는 태도가 바로 만족의 시작이다.

둘째, 비교하는 습관을 줄이는 것도 중요하다. 누군가보다 덜 가졌다는 사실이 곧 불행을 의미하진 않는다. 누군가보다 더 가진 것도 결코 행복을 보장하지 않는다. 쇼펜하우어는 인간의 고통 대부분이 비교에서 비롯된다고 보았다. 그는 이렇게 말했다.

"우리는 우리 삶을 있는 그대로 보면 견딜 수 있다. 그러나 타인의 삶과 비교하면 견딜 수 없게 된다."

마지막으로, 목표를 적정선으로 낮추는 훈련도 필요하다. 높이 오르지 않아도 괜찮다는 감각. 더 대단해지지 않아도 지금의 나를 충분히 받아들이는 감정. 그 안에 만족이 있고 그 만족 속에 조용한 행복이 깃든다. 멈추어 서서 현재를 음미할 줄 아는 사람이 진짜로 인생을 소유한 사람이다.

행복은 도착지가 아니라, 지금 이 자리에 머물 줄 아는 사람의 상태다. '더 많이'가 아닌, '지금 이만큼으로도 충분하다'는 내면의 선언. 그것이야말로 쇼펜하우어가 말한 '지혜로운 삶'의 핵심이다.

현실과 기대 사이에서 균형 잡기

살면서 가장 큰 괴리는, 현실과 기대 사이에서 생긴다. 우리는 머릿속으로 그려놓은 인생의 모양을 현실에 투사하며 살아간다. 그런데 현실은 늘 기대만큼 흘러주지 않는다. 하고 싶은 일보다 해야 하는 일이 많고 원하던 모습보다는 버텨야 하는 순간들이 앞선다. 그럴 때마다 우리는 스스로에게 실망하거나 세상을 탓하게 된다. 쇼펜하우어는 인간이 불행해지는 가장 근본적인 이유 중 하나로 기대의 과도함을 들었다.

"기대는 우리에게 존재하지 않는 고통을 선물한다."

즉, 실제로 문제가 없는 순간에도 기대에 미치지 못했다는 이유만으로 우리는 불행을 느낀다는 뜻이다. 현실은 그대로인데 기대가 너무 부풀려져 있는 것이다. 기대는 삶의 동기가 되기도 하지만 그것이 지나치면 현실을 왜곡하게 만든다. 좋은 결과를 기대할수록 작은 실망도 크게 다가오고 높은 기준을 세울수록 지금의 삶이 초라해 보인다. 결국 기대가 클수록 현실은 불만족스러워지고 삶 전체가 '부족함'이라는 감각으로 덮이게 된다.

문제는 우리가 기대를 조정하지 않고 현실을 억지로 끌어올리려 한다는 점이다. 더 열심히, 더 빠르게, 더 많이. 하지만 그렇게 해서 현실이 기대에 맞춰질 때는 거의 없다. 오히려 피로와 좌절만 남는다. 이때 필요한 것은 '현실을 포기하는 것'이 아니라 기대를 조정하는 능력이다. 내가 바라는 것과 지금 가능한 것 사이의 간극을 좁히는 일, 그것이야말로 삶의 균형을 되찾는 핵심이다.

현실을 있는 그대로 인정하는 일은 생각보다 어렵다. 우리는 늘 '더 나아진 나'를 상상하며 현재의 자신을 평가한다. 지금 모습은 임시적인 것이고 진짜 나는 더 멋지고 완성된 존재여야 한다고 믿는다. 하지만 쇼펜하우어는 이렇게 경고한다.

"미래에만 기대를 두는 삶은, 현재를 지속적으로 부정하는 삶이다."

이 말은 우리에게 중요한 질문을 던진다. 지금 이 현실이 정말 그렇게 못마땅한 것인가? 아니면, 내가 기대하는 기준이 지나치게 높아진 것은 아닌가? 생각해보면 지금의 삶도 예전의 나에게는 꿈꾸던 모습일 수 있다. 일상에 익숙해질수록 감사는 줄고 불만은 늘어난다. 이때 필요한 건 기대를 조금 낮추고 현실을 다시 바라보는 연습이다.

기대를 낮춘다고 해서 열정을 버리는 것은 아니다. 오히려 기대치를 조절할 줄 아는 사람은 목표를 더 지속 가능하게 설정한다. 불가능한 기대에 지쳐 나가떨어지기보다는 현실에서 작은 성취를 쌓아가며 오래 달릴 수 있는 기반을 만든다. 높은 꿈은 필요하지만 그 꿈을 현실의 속도에 맞게 조정할 줄 아는 지혜도 필요하다.

균형 잡힌 삶이란, 지금의 현실과 미래의 기대가 극단적으로 갈라지지 않는 상태다. 너무 미래만 바라보면 현재가 공허하고 현재에만 머물면 방향을 잃는다. 중요한 것은 그 둘 사이에서 계속해서 스스로를 조정하고 조율하는 힘이다. 쇼펜하우어는 그것을 '이성의 훈련'이라 불렀다. 감정에 휩쓸리지 않고 상황을 있는 그대로 보며 필요한 만큼만 기대하는 태도. 그것이 불필요한 고통을 줄이고 평온한 마음을 가능하게 한다.

기대는 줄이면 줄일수록 자유로워진다. 현실은 바꾸기 어렵지만 기대는 내가 조절할 수 있기 때문이다. 우리가 매일 맞이하는 일상에서 '이만하면 괜찮다'고 느끼는 힘. 그 감각이 있을 때 현실은 부족함이 아닌 충분함으로 다가온다. 그리고 그때 삶은 더 이상 실망의 연속이 아니라, 만족의 기반이 된다.

'이만하면 충분하다'는 삶의 기술

지금 이대로 괜찮다고 말하는 건 쉬운 일이 아니다. 우리는 늘 '더 나은 상태'를 상상하고 지금보다 나은 무언가를 갈망하며 살아간다. 그렇게 살아야만 발전할 수 있다고 배워왔고 멈추면 안 된다고 믿는다. 하지만 그 믿음 속에서 우리는 점점 더 불안해지고 만족을 모르는 사람이 되어간다.

"무엇이 우리를 불행하게 만드는가? 더 갖고 싶다는 끝없는 생각이다."

삶을 충분하다고 느끼는 능력은 타고나는 게 아니다. 그것은 훈련되고 선택되는 태도다. '이만하면 괜찮다'고 말할 수 있는 사람은 외적인 조건이 완벽해서가 아니라 내적인 감각이 단단하기 때문이다. 그는 현실을 있는 그대로 받아들이고 거기서 자신이 할 수 있는 최선과 지금 누릴 수 있는 만족을 구별할 줄 안다.

문제는 우리가 그 경계 없이 살아간다는 점이다. 더 열심히, 더 빠르게, 더 많이. 목표는 끝없이 늘어나고 성취는 금세 당연한 것이 된다. 결과적으로 삶은 계속 '부족한 상태'로 느껴지고 어떤 순간에도 멈춰서 감사하거나 기뻐할 여유가 사라진다. 이럴 때 필요한 것이 바로 '이만하면 충분하다'는 감각이다. 그것은 포기나 안주가 아니라 욕망을 조절하는 기술이다.

이 기술은 특히 현대 사회에서 더 중요하다. 우리는 매일 비교에 노출되고 수많은 성공 사례를 보고 듣는다. 타인의 기준을 따라가다 보면 지금의 삶은 항상 부족해 보인다. 하지만 쇼펜하우어는 경고한다.

"남의 기준으로 판단하는 삶은 결코 평온할 수 없다."

'이만하면 충분하다'는 말은 바로 그런 기준에서 벗어나는 선언이다. 그것은 나 자신의 삶의 리듬과 방향을 스스로 정하는 일이다. 물론 이 감각은 쉽게 얻어지지 않는다. 우리는 자신에게 엄격하고 항상 더 잘해야 한다는 강박 속에 살아간다. 이만하면 된 거 아니냐는 말에는 어쩐지 나태해지는 것 같고 뒤처질까 봐 두려운 마음이 깃든다. 하지만 과연 정말 그런가? 지금까지의 노력과 경험을 돌아볼 때 우리는 이미 충분히 애쓰고 살아온 존재들이다. 인정받지 못했을지언정 그 자체로 의미 있는 삶을 살아오고 있다.

'이만하면 충분하다'는 삶의 기술은 일상을 다르게 바라보는 훈련에서 시작된다. 오늘 하루 무사히 마친 것, 나를 지지해주는 한 사람, 비 오는 날 마시는 따뜻한 차 한 잔. 이런 순간들을 소중하게 느끼는 감각은 삶을 더 크고 화려하게 만드는 것이 아니라 더 깊고 단단하게 만드는 힘이 된다. 그리고 이 기술은 실패를 받아들이는 태도와도 연결된다. 우리는 자주 결과로만 자신을 평가하곤 하는데 실패했기 때문에 부족하다, 이뤄내지 못했기 때문에 가치가 없다는 식이다. 하지만 '이만하면 충분하다'는 태도를 가진 사람은 실패마저도 과정의 일부로 받아들인다. 내가 할 수 있는 만큼 했고 그 안에서 배우고 성장했다면 그것도 충분하다고 말할 수 있다.

이런 삶의 태도는 자존감을 지켜준다. 우리는 외부의 인정이 아닌 내면의 기준으로 스스로를 평가하게 된다. 그것은 자기 연민이 아니라 자기 존중이다. 쇼펜하우어는 이런 태도를 '지혜로운 거리 두기'라고 설명했다. 욕망과 결과 사이에, 비교와 자존감 사이에, 적절한 간격을 두는 것. 그 거리에서 우리는 삶을 더 온전하게 바라볼 수 있다.

마지막으로 중요한 것은 이 기술이 단지 '편한 삶'을 위한 것이 아니라는 점이다. 오히려 그것은 지속 가능한 삶의 전략이다. 끝없이 더 많은 것을 추구하며 지쳐버리는 대신 지금 이 순간을 지키는 힘. 그것이야말로 앞으로의 삶을 더 단단하게 해주는 진짜 능력이다.

'이만하면 충분하다'는 말은 욕심을 줄이자는 말이 아니다. 그것은 지금 이 순간에도 삶은 가치 있고 의미 있다는 것에 대한 확신이다. 그 확신을 가진 사람은 삶에 휘둘리지 않고 스스로 삶을 선택하며 살아간다.

무리하지 않고 삶을 즐기는 법

"이 정도는 해야지.", "이렇게까지는 해줘야지."

우리는 언제부터인가 당연하게 무리를 한다. 스스로 선택한 것 같지만 따지고 보면 타인의 기대, 사회의 기준, 불안한 미래에 대한 대비 같은 것들이 우리를 계속해서 몰아붙인 것이다. 그렇게 일상은 점점 벅차게 되고, 마음의 여유는 사라진다.

"지나친 노력은 삶을 고귀하게 만들지 않는다. 오히려 고통스럽게 만들 뿐이다."

무리하지 않고 산다는 말은 쉽게 들리지만 실천하기는 어렵다. 왜냐하면 우리는 무리하는 삶을 정상으로 여겨왔기 때문이다. 열심히 사는 것과 무리하며 사는 것을 구분하지 못하고 자신을 몰아붙이는 것을 미덕처럼 여기기도 한다. 하지만 아무리 속도를 내도 방향이 틀리면 소용없다. 더 빨리 달리기보다 더 오래 걷는 법을 배워야 한다.

삶을 즐기기 위해선 반드시 거창한 성공이 필요하지 않다. 오히려 삶을 잘 즐기는 사람은 대부분 자신의 에너지를 소모하지 않는 방식으로 살아간다. '오늘 하루는 이 정도면 충분해', '지금 이 순간을 좀 느껴보자'라는 여유. 그런 감각이 있을 때 우리는 일상의 사소한 순간에서 기쁨을 발견하게 된다.

무리하지 않는 삶이란 자신에게 맞는 리듬을 찾는 삶이다. 남들의 속도에 휘둘리지 않고 내 몸과 마음의 상태를 살피며 조절하는 것. 때로는 멈추고, 때로는 속도를 늦추며, 내가 견딜 수 있는 만큼만 나아가는 것. 쇼펜하우어는 이것을 '이성적인 자기 보존의 태도'라 불렀다. 즉, 무리하지 않는다는 건 게으름이 아니라 자기 자신을 존중하는 방식이라는 말이다.

무리하지 않기 위해 필요한 것은 우선 '해야 할 일'과 '하지 않아도 될 일'을 구분하는 능력이다. 우리는 종종 모든 일을 다 잘해내야 한다고 착각한다. 하지만 진짜 중요한 일은 그리 많지 않다. 무리함은 이 구분을 하지 못할 때 생긴다. 쇼펜하우어는 **"삶을 복잡하게 만드는 건 일이 아니라, 불필요한 집착과 허영"** 이라고 말했다. 그러니 덜어내는 것이 필요하다. 덜 해야 더 잘할 수 있다.

삶을 즐기기 위해서는 감각을 되살리는 훈련도 중요하다. 무리한 상태에서는 아무리 좋은 것도 느껴지지 않는다. 멋진 풍경도, 좋아하는 음식도, 따뜻한 말도 그냥 스쳐 지나간다. 반대로 여유가 생기면 아주 사소한 것에서도 큰 기쁨을 느낄 수 있다. 아침 햇살, 바람, 좋아하는 음악, 아무 일도 없는 평범한 저녁. 삶은 결국 이런 순간들이 모여 만들어지는 것이다.

또 하나 중요한 건 스스로를 다그치지 않는 태도다. 우리는 잘 쉬는 법을 잊었다. 쉬는 것도 계획해야 하고, 쉬고 나서도 불안하다. **"이 시간에 뭘 더 했어야 하지 않나?"** 하는 생각이 끊임없이 따라붙는다. 하지만 진짜 쉬는 법은 그 시간에 온전히 머무는 것이다. 아무것도 하지 않으면서 죄책감을 느끼지 않는 법, 그것이 삶을 즐기는 사람의 태도다.

무리하지 않는 삶은 주변 사람에게도 좋은 영향을 준다. 마음의 여유가 있는 사람은 관계도 부드럽고, 배려할 줄 알며, 작은 것에 감사할 줄 안다. 반대로 늘 무리하는 사람은 예민하고, 피로하며, 자신에게도 타인에게도 엄격해진다. 결국 무리하지 않는 삶은 나뿐만 아니라 함께 살아가는 모두에게 평온함을 나누는 삶이다.

삶은 끝없는 경쟁이 아니라 지속 가능한 여행이다. 오래 걷기 위해선 스스로를 아껴야 하고 중간에 멈춰 풍경을 바라볼 수 있어야 한다. 더 멀리 가기 위해 더 빨리 달릴 필요는 없다. 내가 나답게, 건강하게, 기쁘게 걸어가는 것. 그것이야말로 무리하지 않고 삶을 즐기는 기술이다.

쇼펜하우어에게 배우는
삶의 자세

✔ **지금에 만족할 줄 아는 것이 행복의 시작이다**

더 많은 것을 바라기보다

'이미 가진 것'에 집중할 때 마음이 편안해진다.

✔ **현실과 기대 사이의 간격을 좁혀라**

기대가 클수록 실망도 커진다.

현실을 받아들이는 태도가 삶을 안정시킨다.

✔ **'이만하면 충분해'라고 말할 수 있어야 한다**

스스로의 기준으로 적절한 선에서 멈추는 것이 필요하다.

✔ **무리하지 않고 사는 것이 진짜 지혜다**

무리한 계획과 과도한 목표는 오히려 삶을 힘들게 만든다.

✔ **적당함 속에서 인생의 균형을 찾아라**

지나치지 않고, 부족하지도 않은 그 적당함이 삶을

가장 단단하게 만든다.

Arthur Schopenhauer

제3장

인생 후반전을 위한 지혜

"가장 현명한 자는 자기 삶의 편집자가 된다.
덜어내고, 이어 붙이고, 다시 읽을 줄 안다."

- 나이 들수록 삶은 더 선명해진다 -

우리는 흔히 '젊음'만이 삶의 전성기라고 믿는다. 나이가 들면 몸이 약해지고, 사회적 위치가 줄어들며, 결국 인생이 점점 좁아지고 침잠한다고 생각한다. 그러나 쇼펜하우어는 전혀 다른 이야기를 들려준다. 오히려 나이가 들어서야 비로소 삶의 본질과 진짜 가치를 분명하게 볼 수 있다고 말한다. 인생의 앞부분이 눈앞의 목표를 향해 달리느라 바쁘고 혼란스러운 시간이었다면, 후반기는 그 달음 속에서 비로소 멈추고 생각할 수 있는 귀한 시간이다.

"삶의 표면은 젊을 때 화려하지만, 삶의 본질은 나이 들어야 비로소 선명해진다."

쇼펜하우어는 나이드는것을 '쇠퇴'가 아닌 '깊이'의 시기로 보았다. 젊을 때는 놓치기 쉬웠던 일상의 소중함, 진짜 관계의 의미, 자기 자신에 대한 이해, 시간의 유한함을 나이 들어서야 비로소 체감하게 된다는 것이다. 그는 인생의 후반기를 삶의 '두 번째 기회'라 부른다. 더 이상 타인의 기준에 얽매이지 않고 자신의 속도와 중심으로 살아갈 수 있는 진정한 자율의 시간. 이 시간은 단지 '남은 삶'이 아니라 더 깊고 넓게 살아갈 수 있는 가능성의 시간이다.

어떻게 해야 나이 드는 시간을 두려워하지 않고 삶의 후반전을 더 지혜롭고 의미 있게 살아갈 수 있을까? 어떻게 하면 젊음을 집착 없이 내려놓고 삶의 본질과 마주하는 시기로 바꿔낼 수 있을까? 그리고 무엇보다 어떻게 하면 나이를 먹으면서도 여전히 꿈꾸고 성장할 수 있을까?

이제 펼쳐질 3장에서는 쇼펜하우어가 전하는 인생 후반기의 지혜를 차근히 따라가보게 된다. 나이를 받아들이는 태도, 내려놓아야 할 것들, 다시 설계해야 할 삶의 방향, 그리고 후반기의 꿈과 성장에 이르기까지… 그가 말하는 '늦었지만 더 선명한 삶'의 방식은, 지금 이 순간을 살아가는 우리에게도 분명한 위로와 용기를 건넬 것이다.

1부

젊음과 나이의 진정한 의미

젊음이 놓친 삶의 본질

젊을 땐 삶이 끝없이 펼쳐진 것처럼 보였다. 무언가를 선택해도 다시 되돌릴 수 있을 것 같았고 어디로든 갈 수 있다는 가능성에 마음이 부풀었다. 그래서인지 그 시절의 나는 지금을 깊이 사는 법보다 미래를 더 빨리 도달해야 할 목표로만 여겼다. 나중에 시간이 많아지고, 여유가 생기면 그때 가서 삶의 본질 같은 건 천천히 생각해보겠다고. 하지만 이상하게도 그 '나중'은 좀처럼 오지 않았다.

젊다는 건 대체로 빠르게 움직인다는 뜻이었다. 선택은 빨라야 했고 성취는 눈에 띄어야 했다. 남들보다 앞서기 위해 더 많이, 더 멀리 달려야 한다고 믿었다. 그렇게 바쁘게 달리는 사이 정말 중요한 것들은 자주 스쳐 지나갔다. 관계는 깊지 않았고 순간의 감정은 자주 억눌렀다. 오직 효율과 결과만이 가치 있는 것처럼 여겨졌다. 지금 돌아보면 그 시절 내가 놓친 건 그 무엇보다도 삶 자체를 제대로 느끼는 능력이었다.

"인간은 현재를 살지 않는다. 그는 과거를 회상하고, 미래를 꿈꾼다. 그러는 동안 삶은 사라진다."

이 말의 무게감을 젊을 때는 몰랐다. 미래를 준비하는 일에 몰두하면서도 그 준비가 끝나면 무엇을 하겠다는 명확한 그림도 없었다. 그저 더 잘되어야 한다는 압박감 속에서 '지금 여기'는 늘 부족하고 불완전한 상태로만 존재했다. 살아 있음의 충만함보다는 아직 도달하지 못한 미래의 목표가 더 중요했다.

젊음의 시간은 종종 '무언가 되기 위해 살아가는 시간'으로 소비된다. 하지만 쇼펜하우어는 그런 태도가 인간을 끊임없는 불안과 욕망 속에 가두게 만든다고 보았다. 그는 삶의 핵심을 현재에 집중하는 감각에서 찾았다. 지금 숨 쉬고 있는 이 순간이야말로 유일한 실재이고 나머지는 기대이거나 기억일 뿐이라는 것이다. 젊을 땐 그 사실을 자꾸만 잊는다. 늘 '좀 더 나은 나'를 그리며 지금의 나는 늘 임시적인 존재가 된다. 그렇기에 젊은 날의 나에게 가장 부족했던 것은 잠깐 멈춰서는 용기였는지도 모른다. 멈춰 서서 나 자신에게 묻는 일, 지금 무엇을 느끼고 있는지를 자각하는 일, 의미 없는 바쁨을 의심하는 일, 그 어느 것도 하지 못한 채 나는 시간을 밀어붙였고 언젠가 삶이 내 손에 잡힐 거라 믿었다. 그러나 삶은 붙잡는 대상이 아니었다. 그저 지금 이 순간을 살아내는 것이었다.

지금 와서 돌이켜 보면 가장 소중했던 순간들은 대부분 결과와는 상관없었다. 누군가와 나눈 대화 한 조각, 뜻밖의 휴식, 이유 없이 웃었던 밤 그런 것들이 삶의 본질을 훨씬 더 가깝게 보여주었다. 하지만 젊었던 시절 그것들을 사소하게 여겼고 '이건 중요한 일이 아니야'라며 지나쳤다. 결국 젊음은 무엇이 중요한지를 모르는 상태이기도 하다. 물론 젊음이 잘못된 시기라는 말은 아니다. 오히려 젊기 때문에 할 수 있는 일들이 많다. 다만 그 시절이 너무 빠르게 지나가기에 거기 담긴 배움과 감각들이 제대로 체화되지 못할 뿐이다. 우리가 놓친 삶의 본질은 거창한 철학이 아니다. 지금 함께 있는 사람을 소중히 여기고, 스스로를 억누르지 않으며, 당장 손에 쥐고 있는 하루를 깊이 바라보는 태도다.

삶은 뭔가를 이룬 후에 시작되는 것이 아니라, 언제나 지금 이 자리에서 벌어지고 있는 일이라는 것을 이제 알 것 같다. 젊음은 그것을 보지 못한 채 너무 멀리 보고 있었던 시간이었다. 그리고 나이가 들어서야 비로소 그 가까이 있던 진실을 선명하게 보기 시작했다.

나이가 들어야 깨닫는 진짜 가치

젊을 땐 많은 것을 중요하게 여긴다. 성과, 속도, 인정, 외모, 계획 등 다양한 것들이 삶의 중심을 이룬다. 하루를 어떻게 보냈는지보다 얼마나 생산적인 하루였는지가 중요했고, 사람과의 대화보다는 결과가 남는 활동에 더 큰 가치를 두었다. 그런데 나이가 들면서 하나씩 질문이 생긴다. 그 모든 게 정말 그렇게 중요한 일이었을까? 인생의 후반에 들어서야 비로소 보이는 것들이 있다. 그 중 하나는 삶의 진짜 가치는 소리 없이 다가온다는 사실이다. 대단한 일이 아니라 아주 작고 조용한 순간 속에 담겨 있다. 젊을 땐 크고 뚜렷한 의미만을 쫓았지만 나이가 들수록 의미는 작고 은근한 것들 안에 숨어 있음을 알게 된다.

"우리는 삶이 지나간 후에야 그것이 무엇이었는지 이해한다."

가장 먼저 달라지는 건 관계에 대한 감각이다. 예전엔 얼마나 많은 사람과 알고 지내는지가 중요했다면 지금은 마음이 편한 단 한 사람이 더 귀하다. 말이 통하고, 나를 평가하지 않고, 같이 있는 것만으로 편안한 사람. 그런 사람 한 명이 인생의 중심이 된다. 화려한 인맥은 삶을 반짝이게 만들 수는 있어도 지탱해주지는 못한다는 걸 몸으로 배우게 된다.

다음은 시간에 대한 감각이다. 젊을 땐 시간이 많다고 생각했고 자주 흘려보냈다. 하지만 나이가 들수록 시간은 순간순간 빠르게 지나가고 더는 아무 일도 하지 않고 하루를 보내는 것도 아깝지 않다. 오히려 그런 하루가 필요하다는 걸 안다. '무의미한 시간'은 없다는 것 모든 순간이 삶의 한 조각으로 채워지고 있다는 것을 알게 된다. 또한, 나이가 들어야 이해하게 되는 건 자신을 덜 비난하는 태도다. 젊을 땐 실수 하나에도 자신을 몰아세우고 남보다 뒤처진다는 이유만으로 자책했다. 하지만 지금은 안다. 누구나 저마다의 속도와 리듬이 있고 삶에는 정답이 없다는 것을. 조금 늦게 피는 꽃이 있는 것이고 오늘이 아니라 몇 년 뒤에야 빛나는 시간이 올 수도 있다는 걸 받아들이게 된다.

무엇보다 나이가 들어야 깨닫는 진짜 가치는 '덜 가지는 것'에서 온다. 예전엔 많이 가지는 것이 강함이라고 생각했지만 지금은 오히려 불필요한 것을 덜어낼 수 있는 용기가 진짜 힘이라는 걸 안다. 물건도, 인간관계도, 감정도 마찬가지다. 가볍게 살아갈수록 삶은 깊어진다. 쇼펜하우어는 ***"지혜로운 사람은 외적으로는 단순하고, 내적으로는 충만하다"*** 라고 했다. 이 말이 마음에 남는 건 이제서야 그 뜻이 무엇인지 실감하기 때문이다.

젊을 때는 미래를 설계하려고 애썼지만 나이가 들면 지금을 살아내는 감각이 훨씬 중요하다는 걸 알게 된다. 불확실한 내일보다 확실한 오늘의 기쁨, 지금 이 순간을 함께하고 있는 사람의 존재, 매일 반복되지만 사라지면 아쉬울 일상의 루틴 그런 것들이 사실은 인생을 지탱하는 기둥이었다.

삶의 진짜 가치는 겉으로 보이지 않는다. 높은 곳에 있지 않고 특별한 날에만 나타나지도 않는다. 그것은 늘 곁에 있었지만 우리가 너무 바빠서 지나쳤던 것들 속에 숨어 있다. 나이가 들수록 눈에 띄는 건 줄어들고 보이지 않던 것들이 더 선명해진다. 그것이 바로 시간이 주는 선물이다.

쇼펜하우어가 말하는 나이들어감의 축복

젊을 때는 나이 드는 것이 두려웠다. 활력이 줄어들고, 선택의 기회가 줄고, 세상에서 점점 멀어질 것만 같았다. 시간이 흐를수록 손에 쥐고 있는 것들이 하나씩 빠져나가는 기분에 나이가 들어가는것은 상실이고 쇠퇴라고만 여겼다. 하지만 쇼펜하우어는 정반대의 시선을 제시한다.

"나이든다는 것은 덜 욕망하고, 덜 흔들리고, 더 깊어지는 일이다."

그는 나이가 들어가는것을 부정하거나 안타까워하지 않았다. 오히려 인생 후반을 진정한 철학의 시기로 여겼다. 삶의 속도가 느려질수록, 세상의 소음에서 한걸음 물러설수록, 비로소 사유의 공간이 열린다고 본 것이다. 젊은 시절에는 경험이 지배한다면 나이가 든 이후에는 해석과 통찰이 그 자리를 대신한다.

욕망은 줄고, 타인의 기대에서 한 발짝 벗어나며, 스스로에게 더 집중할 수 있게 된다. 더 이상 누구에게 인정받으려 애쓰지 않고 남의 시선을 기준 삼지 않게 된다. 쇼펜하우어는 이런 상태를

'내적 자유'라고 불렀다. 외적인 조건은 줄어들 수 있지만 내면의 자율성은 커진다. 그리고 그 자유는 단순히 편안함이 아니라 삶의 본질을 더 가까이서 바라볼 수 있는 자리를 마련해준다.

나이가 들면 세상은 이전과는 다르게 보인다. 욕심내던 것들이 무의미하게 느껴지고 한때 소중했던 것들이 점점 흐려진다. 하지만 동시에, 젊을 땐 보이지 않던 것들이 또렷하게 보이기 시작한다. 나를 진심으로 아끼는 사람이 누구인지, 나에게 꼭 필요한 것이 무엇인지, 무엇을 지키고 무엇을 내려놓아야 하는지 이런 것들은 나이 듦이 선물해주는 명료함이다.

쇼펜하우어는 젊음이 가진 불안정함을 잘 알고 있었다. 그는 젊은 시절을 '불확실성과 충동의 시기'라고 표현했다. 반면, 나이든 삶은 욕망의 불꽃이 잦아들고 내면의 고요가 깃드는 시기다. 이 고요는 외롭거나 비어 있는 것이 아니라 깊고 단단하다.

"고요 속에서 비로소 진짜 자기를 만날 수 있다."

삶의 후반은 종종 '정리하는 시간'처럼 보인다. 그러나 그것은 포기의 시간이 아니다. 오히려 진짜 중요한 것들만 남기고 가볍게 걸어가는 방식으로 전환되는 시기다. 화려함은 줄어들지만 실속은 더해진다. 많은 것을 소유하지 않아도 부족하지 않고 많은 말을 하지 않아도 진심이 전해진다. 쇼펜하우어는 이런 삶을 '지혜의 수확기'라고 표현했다.

나이가 든다는 것은 자신을 좀 더 너그럽게 대하게 되는 시간이기도 하다. 젊을 땐 왜 그렇게 서두르고 스스로를 몰아붙였는지 의아해진다. 지금은 실수도, 후회도, 부족함도 삶의 일부로 받아들이게 된다. 완벽하지 않아도 괜찮고 더 이상 누구와도 경쟁하지 않아도 된다. 그 감정은 단순한 체념이 아니라 삶을 있는 그대로 바라볼 수 있는 관용이다.

쇼펜하우어가 말한 나이들어감의 축복은 삶을 다시 바라보는 시선의 전환이다. 과거엔 삶을 '쌓아가는 과정'으로 보았다면 이제는 '덜어내는 예술'이 된다. 가지는 데서 오는 기쁨보다 내려놓을 줄 아는 데서 오는 평온함. 그 안에 진짜 성숙이 있다.

"시간은 우리에게서 많은 것을 빼앗지만, 동시에 많은 것을 가르쳐준다."

나이가 드는것은 외로움도 쇠퇴도 아니다. 그것은 하나의 이정표다. 수많은 욕망과 시행착오를 지나 삶의 본질에 더 가까워지는 시간. 우리가 나이드는 동안 세상은 분명 조금씩 멀어지지만 그 대신 자기 자신에게는 더 가까워진다. 그것이야말로 쇼펜하우어가 말하는 나이들어감의 축복이다.

나이를 받아들이는 태도

나이든다는 건 누군가에겐 두려움이고, 또 누군가에겐 초조함이다. 생일이 오면 축하보다 마음이 복잡해지고 거울

속 주름 하나에 오래 시선이 머문다. 예전보다 덜 참을성 있게 느껴지고 어딘가 잦아든 열정이 스스로를 낯설게 만든다. 그렇게 우리는 조금씩 나이 들어간다. 하지만 문제는 나이 드는 것 자체보다 그것을 어떻게 받아들이느냐에 있다.

"삶의 시계가 앞으로 갈수록, 사람은 더 깊은 고요에 이른다."

그는 나이가 들어가는것을 단순히 신체적 변화로 보지 않았다. 오히려 그것을 내면이 정돈되어가는 과정이라 여겼다. 젊을 때는 세상의 소음에 휘둘리기 쉽고 끊임없는 욕망과 비교 속에 자신을 잃는다. 하지만 시간이 흐를수록 우리는 타인의 목소리보다 자신의 내면에 귀를 기울이게 된다. 그것이 나이가 우리에게 주는 조용한 축복이다. 그럼에도 우리는 자꾸만 저항하려 든다. '아직 젊다'고 되뇌고 나이드는것의 흔적을 지우러 애쓴다. 세상은 노화보다 동안을 칭찬하고 경험보다 젊음을 소비한다. 그래서 나이든다는건 손해처럼 느껴지고 점점 뒷자리에 밀려나는 감각을 준다. 하지만 이런 감정은 대부분 사회적 시선에서 비롯된 것이다. 우리가 나이에 주눅 들게 되는 건 그 나이를 바라보는 태도가 왜곡되어 있기 때문이다.

진짜 문제는 주름이 아니라 그 주름을 부끄러워하는 시선이다. 에너지가 줄어드는 게 아니라 여전히 젊어 보여야 한다는 강박이다.

"지혜로운 사람은 나이의 변화를 부끄러워하지 않는다. 그는 삶

이 자기 안에서 완성되어가는 과정을 기꺼이 받아들인다."

이 문장은 나이에 대한 우리의 태도를 다시 돌아보게 만든다. 그것을 피할 수 없는 현실로 받아들이기보다 자연스럽고 존엄한 성장의 과정으로 바라보는 것. 그 태도만 바꿔도 나이가 들어가는 것은 더 이상 두렵지 않다. 나이를 받아들이는 태도란 자신의 삶을 인정하는 마음이다. 잘한 일도, 후회되는 선택도, 모든 실패와 감정의 흔적도 내 인생의 일부로 끌어안으며. 더 이상 자신을 꾸미지 않고 내 안의 리듬대로 살아가겠다는 선언. 그것은 체념이 아니다. 오히려 그것이야말로 가장 단단한 자기 존중이다.

나이를 받아들인다는 것은 변화에 유연해지는 것이기도 하다. 예전만큼 체력이 없고 감정이 예전처럼 뜨겁지 않다고 해서 나빠진 것은 아니다. 단지 삶의 방식이 달라졌을 뿐이다. 외향에서 내향으로, 속도에서 깊이로, 확장에서 응축으로 그런 변화는 자연스럽고 필연적인 흐름이다. 거기에 맞춰 나도 내 삶의 리듬을 다시 조율하면 된다.

삶의 아름다움은 일정한 나이에만 머무르지 않는다. 20대의 반짝임, 30대의 분투, 40대의 책임, 그리고 그 이후의 고요한 통찰. 각 시기에는 그 나름의 진실과 아름다움이 있다. 우리가 해야 할 일은 그 시기마다 어울리는 삶의 방식과 태도를 받아들이는 것이다. 그래야 인생 전체가 하나의 완성된 이야기로 이어진다.

젊음은 지나간다. 하지만 깊이는 남는다. 빠름은 사라진다. 그러나 명료함은 찾아온다. 우리가 나이를 받아들인다는 건 결국 삶을 있는 그대로 껴안는다는 뜻이다. 쇼펜하우어의 철학이 우리에게 가르쳐주는 가장 중요한 자세는 바로 이 점이다.

"삶이 우리를 따라오지 않을 땐, 우리가 삶을 따라가야 한다."

나이는 숫자가 아니라 삶과 내가 나눈 대화의 깊이다. 그 대화를 기꺼이 받아들일 수 있다면 우리는 나이가 들어가는것 속에서도 여전히 성장하고 있는 것이다.

쇼펜하우어에게 배우는
삶의 자세

✔ **지금 이 순간의 삶에 집중하라**

진짜 삶은 언제나 현재에 있다.

✔ **일상의 작고 평범한 기쁨을 소중히 여겨라**

지금 느낄 수 있는 소소한 기쁨이 삶을 더 풍요롭게 만든다.

✔ **남의 시선보다 자신의 내면에 귀 기울여라**

타인의 기준에 맞추지 말고, 자신만의 삶의 방향을 찾아야 한다.

✔ **삶의 유한함을 인식하고 순간을 의미 있게 살아라**

영원하지 않기에 지금 이 순간은 더욱 소중하다.

✔ **나이가 드는것을 자연스럽고 고마운 변화로 받아들여라**

나이는 약함이 아니라, 삶의 본질에 가까워지는 시간이다.

Arthur Schopenhauer

2부

내려놓아야 비로소 보이는 것들

젊음의 집착에서 벗어나기

젊다는 것은 생물학적 나이를 말하는 것만은 아니다. 그것은 한 시기의 감정이고, 사고의 방향이며, 세상을 바라보는 고유한 방식이기도 하다. 무엇인가를 이뤄야 하고, 증명해야 하며, 남들보다 앞서야 한다는 강박. 젊음이 아름다워 보이는 이유는 그 안에 에너지가 있기 때문이지만 그만큼 집착도 함께 자란다. 무엇이든 다 해낼 수 있을 것 같았고 다 해내야만 한다고 믿었다. 실수를 두려워했고, 뒤처지는 것에 민감했다. 타인의 눈은 언제나 의식되었고 나를 증명하려는 마음은 멈추지 않았다. 지금 생각해보면 그 시절의 나는 자신보다 이상에 더 가까운 누군가가 되려 애쓰고 있었다. 그리고 그 과정에서 많은 걸 지나치고 스스로를 잃어가고 있었다.

"인간은 가장 뜨거울 때, 가장 많이 오해하고, 가장 멀리 있는 것을 쫓는다."

쇼펜하우어는 젊음의 시기를 부정하지 않으면서도 그 안에 깃든 과도한 집착과 착각을 날카롭게 짚어냈다. 젊음은 삶을 부풀려서 보게 하고 현재보다 미래에 더 많은 가치를 둔다. 그래서 지금의 실패는 인생 전체의 패배처럼 느껴지고 조급함은 불안을 키운다. 그 집착은 겉으론 열정처럼 보이지만 속으로는 스스로를 조이는 그물이다. '더 나은 내가 되어야 한다'는 생각은 동기이자 짐이 되고 결국 지금의 나는 항상 부족한 존재로 남는다. 그렇게 젊음은 자주 현재를 무시하고 미래에만 의미를 두게 만든다. 그리고 그 미래는 언제나 도달하지 못한 곳에 머문다.

나이가 들며 깨달은 건 집착을 버린다고 해서 삶이 흐트러지지 않는다는 사실이다. 오히려 더 단단해졌으며 예전처럼 모든 것을 증명하려 하지 않아도 되고, 잘 보이기 위해 감정을 포장하지 않아도 된다. 실수도 멈춤도 받아들일 수 있다. 삶은 전력질주가 아니라 자기 속도로 걸어가는 일이라는 걸 이제는 안다.

집착을 내려놓는다는 건 욕망을 완전히 없앤다는 뜻이 아니다. 욕망에 끌려가지 않고 그것을 객관적으로 바라볼 수 있는 거리를 확보한다는 뜻이다. 젊음이 '불타오르는 시기'라면 나이가 들어가는것은 '불꽃을 바라보는 시기'다. 뜨거움은 여전하되 타지 않고 더 오래 유지되는 방식. 그것이야말로 성숙이다.

무엇보다 젊음의 집착을 벗어난 후 비로소 보이는 것들이 있다. 그것은 성공이나 목표가 아닌 삶의 순간 그 자체다. 누군가와 나 눈 진심 어린 대화, 나를 비난하지 않고 바라봐주는 사람의 눈빛, 이유 없이 기분이 좋아지는 어떤 날의 저녁 햇살 그런 것들은 젊을 때는 보이지 않았다. 너무 멀리만 보려 했기 때문이다.

"많은 것을 소유한 자가 부자가 아니라, 적은 것으로도 만족하는 자가 지혜롭다."

젊을 땐 이 말을 이해하지 못했지만 지금은 알 것 같다. 집착을 내려놓을 때 우리는 삶에 진짜로 들어갈 수 있다. 겉모습이 아닌 중심으로 타인의 기대가 아니라 나 자신의 감각으로, 그때서야 삶은 비로소 조용히 우리에게 말을 걸기 시작한다.

집착을 버리는 건 패배가 아니다. 그것은 삶을 대하는 태도의 전환이다. 덜 쥐고 더 느끼는 것, 덜 서두르고 더 바라보는 것. 그것이 우리가 젊음의 집착에서 한 발짝 물러설 때 얻게 되는 선물이다.

나이가 들면 중요해지는 것들

어릴 땐 큰 것이 중요했다. 눈에 띄는 성과, 뚜렷한 계획, 누구나 알아보는 위치. 그것들이 삶을 이끌어가는 동력처럼 느껴졌고, 무엇을 선택하든 기준은 늘 '더'였다. 더 높고, 더 빠르고, 더 강한 것이 삶을 잘 사는 방식이라 믿었다. 그러나 나이가 들면서 그 기준은 하나씩 바뀌기 시작했다. 화려한 것들보다 소박한 것들, 강한 것들보다 지속되는 것들이 중요해졌다.

"늙음이란 것을 두려워하지 마라. 그것은 욕망이 물러난 자리에 지혜가 찾아오는 시간이다."

쇼펜하우어의 말은 나이가 들면서 자연스럽게 생겨나는 감정 변화를 단순한 쇠퇴가 아닌 가치의 전환으로 보게 만든다. 젊을 때는 가치를 판단하는 기준이 외부에 있었다면 나이가 들면 판단 기준은 서서히 내면으로 이동한다. **"무엇이 나에게 진짜 의미 있는가", "무엇이 마음을 따뜻하게 하는가?"** 그런 질문들이 점점 중심을 차지한다.

나이가 들수록 중요해지는 것 중 하나는 평온함이다. 젊을 땐 들뜨고 흔들리는 감정도 일종의 에너지였다. 기쁨은 높았지만, 실망도 깊었고, 감정의 굴곡은 날카로웠다. 하지만 지금은 다르다. 조용히 흐르는 하루, 별일 없이 지나가는 저녁, 문제없는 관계 그런 것들이 더없이 소중하고, 삶의 밀도는 사건보다 느낌과 상태에서 비롯된다는 걸 이제는 안다.

'좋은 사람'에 대한 정의도 달라진다. 과거엔 멋있고, 유능하고, 강한 사람이 좋아 보였다. 지금은 다르다. 마음을 상하게 하지 않는 사람, 내 말을 끝까지 들어주는 사람, 꾸미지 않고 진심을 나누는 사람. 그런 사람이 진짜 좋은 사람이다. 타인을 통해 나를 증명하려던 시기가 지나고 나면 인간관계도 '깊이'와 '신뢰'라는 새로운 기준을 갖게 된다.

나이가 들수록 몸의 감각도 중요해진다. 예전에는 무리해도 회복이 빠르고 몸은 정신의 수단처럼 여겨졌다. 지금은 아니다. 컨디션이 곧 마음이고 식사 하나, 수면 하나가 하루 전체를 바꾼다. 그래서 스스로를 돌보는 시간이 늘고 '잘 쉬는 법'에 더 집중하게 된다. 쇼펜하우어는 몸을 '의지의 도구이자 삶의 리듬을 결정짓는 가장 현실적인 기반'이라 표현했다. 삶이란 결국 자기 자신을 얼마나 섬세하게 관리하느냐의 문제일지도 모른다.

무엇보다 나이가 들수록 중요해지는 건 '지금'이라는 시간이다. 젊을 때 미래를 향한 계획이 삶의 중심이었다. 하지만 지금은 오히려 오늘 하루의 의미가 더 커졌다. 먼 미래는 보장되지 않고 내일은 예측할 수 없다. 그래서 오늘 만나는 사람, 지금 마시는 커피, 바로 이 순간의 기분이 삶의 핵심이 된다. '지금 이대로도 괜찮다'는 감각은 계획이 아니라 경험의 누적이 만들어내는 태도다.

과거엔 삶을 성취 중심으로 바라봤다면 이제는 지속가능한 평온과 감정의 균형이 무엇보다 소중해졌다. 멀리 가는 것보다 잘 머무는 것, 더 많은 사람을 만나는 것보다 한 사람과 깊이 있게 연결되는 것 이런 것들이 점점 삶의 무게 중심이 된다. 나이가 들면서 중요해지는 것들은, 이미 내 곁에 있었지만 미처 보지 못했던 것들이다.

우리는 늘 멀리서만 삶의 의미를 찾으려 한다. 그러나 삶은 가까운 곳에서 말을 건다. 어제보다 부드러운 표정, 오늘 아침 더 잘 웃었던 순간, 함께 침묵해도 어색하지 않은 사람. 이런 것들이 바로 나이 든 우리가 비로소 알아보게 되는 진짜 가치다.

인생 후반에 찾아오는 새로운 의미

인생의 전반부가 '무엇이 되고 싶은가'를 향한 여정이었다면 후반부는 '나는 누구인가'를 되묻는 시간이다. 젊을 땐 어딘가를 향해 달리는 일에 바빴고 도착지에 닿기 전엔 멈출 수 없다고 믿었지만 그 길을 한참 걸어온 지금 문득 이런 생각이 들었다. '나는 정말 내가 원하는 방향으로 걸어왔던 걸까?' 인생 후반이 되며 생긴 가장 큰 변화는 방향보다 의미를 묻기 시작했다는 점이다. 과거에는 목적지만 분명하면 되었다. 일이 잘 풀리는지, 인정을 받는지, 성공했는지 하지만 이제는 그 일이 나에게 어떤 감정을 남기는지 그것이 삶에 어떤 울림을 주는지가 더 중요해졌다.

"인생은 목적지보다, 그 여정을 어떻게 해석하느냐에 따라 달라진다."

쇼펜하우어는 삶을 단순히 흘러가는 시간으로 보지 않았으며 삶은 '의미를 부여할 수 있는 자'만이 진짜로 살아낸다고 했다.

인생 후반의 삶은 속도를 늦춘다. 그것은 나약함이 아니라 깊이를 위한 속도 조절이다. 예전에는 눈앞의 목표에만 집중했지만 지금은 주변을 돌아보고 발걸음이 닿는 땅의 감촉까지 느끼게 된다. 그 느림 속에서 우리는 질문을 시작한다. '이 일이 꼭 필요했을까?', '나는 어떤 순간에 살아 있음을 느끼는가?' 이런 질문들은 어느새 삶의 구조를 다시 설계하게 만든다. 이 시기에 찾아오는 새로운 의미는 대개 화려하지 않다. 오히려 담백하고 조용하다. 오래된 친구와의 무심한 안부 인사, 아침마다 정리된 이불 위의 햇살, 아무 목적 없이 나선 산책길같은 그런 사소한 것들이 전에는 느껴지지 않던 방식으로 마음을 채운다. 쇼펜하우어는 그것을 '소극적 행복' 즉 고통이 없는 상태 자체에서 오는 평온함이라 설명했다. 예전엔 그것이 아무 의미 없다고 생각했지만 지금은 알 것 같다. 바로 그런 순간들이 인생의 새로운 중심이 될 수 있다는 것을.

이 새로운 의미는 욕망을 줄이는 데서 오기도 한다. 더 이상 모든 것을 가져야 한다고 생각하지 않게 되었고 모든 관계를 유지해야 할 필요도 느끼지 않는다. 선택과 집중의 미학을 배우게 된 것이다. 덜 가지는 대신 더 소중히 여기고 덜 말하는 대신 더 깊이 들으려 한다. 그렇게 우리는 소유보다 존재의 가치를 실감하게 된다.

이 시기에 가장 큰 변화는 삶에 대한 질문이 밖에서 안으로 향한다는 것이다. 이전에는 늘 남과 비교했고 기준은 외부에 있었다. 하지만 인생의 후반에 들어서면 질문은 점점 내밀해진다. **"나는 이 삶에 만족하는가?", "지금의 나는 어떤 사람이 되어 있는가?"** 이 질문에 답하는 일은 쉽지 않지만 그만큼 진실하다. 그리고 그 진실함이 삶의 의미를 다시 정리하게 만든다.

우리는 나이가 들수록 무언가를 이뤄내는 것이 아니라 삶을 온전히 살아낸 흔적들을 돌아보는 태도를 배운다. 후회도 있고, 아쉬움도 있고, 때로는 복잡한 감정도 떠오른다. 하지만 그 모든 것을 통과하며 우리는 이제 묻는다. **"내가 지금 여기에 있다는 것만으로도, 충분하지 않은가?"**

인생의 의미는 어느 한 순간에 결정되지 않는다. 그것은 시간 위에 차곡차곡 쌓인 감정과 깨달음 후회와 회복의 반복 속에서 비로소 모습을 드러낸다. 젊을 때는 의미란 결과가 아니라 해석이라는 것을 몰랐다. 지금 이 삶을 내가 어떻게 바라보고 어떻게 느끼느냐가 곧 그 삶의 의미라는 것을. 그리고 우리는 인생의 후반이 되어서야 알게 된다. 의미는 멀리 있지 않다는 걸. 바로 오늘의 말투에서, 오늘의 표정에서, 오늘의 선택에서 삶은 조용히 우리에게 말을 건다. 그 말을 듣기 위해 우리는 여기까지 걸어온 것이다.

불필요한 것에서 벗어나는 지혜

나이를 먹는다는 건 조금씩 버리는 일이다. 버릴 줄 안다는 건 더는 필요하지 않은 것을 알아챌 수 있다는 뜻이고 그것은 분명

어떤 종류의 지혜다. 예전에는 모든 것을 품고 가려 했다. 사람도, 감정도, 기회도 손에서 놓치는 걸 두려워했고 놓치는 것마다 후회로 남을까 불안했다. 하지만 지금은 무언가를 놓아야만 비로소 제대로 잡을 수 있는 것이 있다는 것을 알고 있다.

"지혜로운 자는 덜 가지는 데서 자유를 찾는다."

그는 삶의 고통이 '과잉'에서 비롯된다고 보았다. 너무 많은 욕망, 너무 많은 기대, 너무 많은 말 인간은 자신의 내면에서 오는 소음을 줄일 줄 모를 때 불행해진다. 그래서 그는 삶을 단순화하려는 노력을 철학적 태도라고까지 여겼다. 그 단순화의 시작은 바로 불필요한 것들과의 이별이다.

가장 먼저 정리해야 했던 것은 관계였다. 나를 지치게 하는 사람, 늘 계산적인 태도를 보이는 사람, 불편함을 주면서도 억지로 이어온 인연들 그런 관계는 오래 붙잡고 있을수록 감정의 찌꺼기를 남긴다. 예전에는 인간관계가 많을수록 좋다고 생각했지만 지금은 그렇지 않다. 나를 있는 그대로 받아들여주는 단 한 사람만으로도 충분할 수 있다는 걸 알게 되었다. 관계의 양보다 질이 삶의 밀도를 결정한다.

그 다음은 소유에 대한 감각이었다. 불필요한 물건, 써보지도 않을 계획, 필요 이상으로 저장된 정보들 그런 것들은 나도 모르게 나를 무겁게 만들었다. 정리를 하다 보면 종종 깨닫는다. 내가 가진 것 중 정말 자주 쓰는 것은 손에 꼽힐 만큼 적다는 것을. 쇼

쇼펜하우어가 **"사람은 물건을 소유하는 것이 아니라, 물건에 소유된다"** 라고 한 말이 떠오른다. 적게 가지는 것이 가난함이 아니라 오히려 자기 삶을 다시 중심에 둘 수 있는 여유라는 걸 이제는 체감한다.

무엇보다 정리해야 했던 것은 내 안의 기준과 기대였다. '이 나이쯤엔 이 정도 되어 있어야 한다'는 생각, '다른 사람은 이렇게 사는데 나는 왜 이렇지'라는 비교, '항상 잘해야 한다'는 강박. 그런 생각들이 나를 조용히 조여오고 있었던 것이다. 하지만 그 기대들이 타인의 시선으로부터 왔고 사회가 만든 기준이었다는 걸 알아차리는 순간 나는 한결 가벼워졌다. 비교에서 벗어나면 삶은 비로소 나만의 리듬을 찾는다.

불필요한 것을 버리는 일은 쉬운 일이 아니다. 단순히 '치운다'는 의미가 아니라 그 안에 담긴 나의 욕심, 집착, 미련과 마주하는 일이기 때문이다. 하지만 그것을 넘어서면 그 자리에 고요함이 깃든다. 그 고요함 속에서 우리는 진짜 필요한 것들과 더 깊이 연결될 수 있다.

삶의 본질은 언제나 단순하다. 너무 많은 것을 담으려 할 때 우리는 오히려 본질을 잃는다. 삶이 어지럽게 느껴질 땐 채우는 게 아니라 덜어내야 할 때다. 불필요한 것을 덜어낼수록 삶은 나에게 말을 건다. **"이제야 너를 만날 준비가 되었구나"** 라고.

쇼펜하우어의 말처럼 삶은 쌓아올리는 것이 아니라 정리하고 가다듬는 일이다. 인생 후반에 우리가 해야 할 가장 중요한 일은 더 많은 것을 이루는 것이 아니라 더 정확하게 나를 살아가는 것이다. 그리고 그 시작은 더는 나를 무겁게 하지 않는 것들과 조용히 작별하는 것이다.

쇼펜하우어에게 배우는
삶의 자세

✔ 젊음에 대한 집착을 내려놓아라

젊음은 언젠가 사라진다. 그보다 깊어진 내면이 더 오래 간다.

✔ 나이에 따라 달라지는 우선순위를 받아들여라

삶의 후반에는 성취보다 평온, 경쟁보다 관계가 더 소중해진다.

✔ 새로운 의미는 나이 듦과 함께 온다

인생의 전반이 질문이었다면, 후반은 그에 대한 응답이 된다.

✔ 불필요한 욕망을 비워야 진짜 소중한 것이 보인다

덜어낼수록 삶은 가벼워지고, 중요한 것에 집중할 수 있다.

✔ 내려놓는 순간, 진짜 자유가 시작된다

내려 놓을 때, 우리는 비로소 삶을 온전히 느낄 수 있다.

Arthur Schopenhauer

3부

인생 후반전을 새롭게 설계하라

나이를 먹어도 성장하는 법

어느 순간부터 성장은 젊은 사람의 몫이라고 생각했다. 배움은 학교에서 끝나는 것이고, 변화는 젊은 세대의 과제이며, 나이를 먹은 사람은 그저 지금까지 살아온 방식대로 살아가면 된다고. 그렇게 우리는 '성장'이라는 단어에서 조금씩 멀어졌다. 하지만 시간이 흐르면서 진짜 성장은 나이와 무관하게 계속될 수 있는 일이라는 것을 나는 조금씩 깨닫게 되었다. 젊었을 때의 성장은 바깥을 향해있으며 더 많은 것을 알고 싶고 더 넓은 세상을 경험하고 싶어한다. 하지만 나이가 든 뒤의 성장은 방향이 달라진다. 그것은 안으로 향한다. 지금의 나를 더 깊이 이해하고, 오래된 감정과 화해하고, 나의 삶을 나만의 방식으로 가꾸어가는 과정. 그 느린 성장의 시간 속에서 우리는 비로소 삶과 자신을 새롭게 바라보게 된다.

"성장이란 외적인 성공이 아니라, 내면의 충실함을 향해 나아가는 일이다."

그는 나이가 들수록 더 큰 깊이로 들어가는 삶을 지향했다. 겉으로 드러나는 변화가 없다고 해도 내면에서 일어나는 사유와 통찰, 감정의 정돈이야말로 진짜 '성숙'이라고 보았다.

나이를 먹는다는 건 이미 정해진 틀 속에 들어가는 것이 아니다. 오히려 그 틀을 다시 들여다보고 내가 누구였는지를 더 정확히 되짚는 과정이다. 시간이 지날수록 삶의 굴곡은 뚜렷해지고 그 안에서 내가 어떤 선택을 해왔는지가 선명해진다. 그리고 바로 그 자각이 인생 후반의 성장을 이끄는 힘이 된다. 이제는 누군가에게 인정받기 위해 배우는 것이 아니라 나 자신을 위해 배우고 싶다. 새로운 지식, 익숙하지 않은 취미, 낯선 관계. 그것들은 더 이상 내가 '무엇을 증명하기 위한 도구'가 아니라 삶을 더 풍성하게 느끼게 해주는 길이 된다. 예전처럼 빠르게 익숙해지지 않아도 괜찮다. 대신 천천히 그러나 더 깊이 이해할 수 있다.

나이를 먹은 지금의 성장은 나를 다그치지 않는 방식으로 이뤄진다. 예전에는 '잘해야 한다'는 압박감이 늘 함께했고 실패는 두려운 낙인이었다. 하지만 실수는 실패가 아니라 과정이며 완벽함보다 지속하는 것이 더 가치 있다는 것을 지금은 알고 있다. 그 감각은 시간을 통해 얻은 가장 단단한 배움이다.

쇼펜하우어는 인간의 의지가 멈추지 않는 한 삶은 계속 변화할 수 있다고 보았다.

"늙었다는 건 고정되었다는 뜻이 아니다. 단지, 자신을 다른 방식으로 정리하는 시기일 뿐이다."

성장은 멈추는 것이 아니라 방식이 바뀌는 것이라는 그의 통찰은 나에게 새로운 희망을 줬다. 우리는 여전히 변할 수 있다. 다만 예전처럼 빠르게 극적으로 바뀌지 않을 뿐이다. 지금의 변화는 사소하고, 점진적이며, 조용하다. 하지만 그것이야말로 오래가는 변화이고 진짜 삶의 균형을 만들어준다.

인생의 어느 지점에서도 성장은 가능하다. 중요한 것은 성장에 대해 어떤 태도를 갖고 있느냐다. 나이가 들었다고 해서 성장이 끝나는 것이 아니라 이제부터는 새로운 방식으로 삶을 다시 살아갈 수 있는 힘이 생겼다는 의미일지도 모른다.

인생 후반부의 삶을 재구성하는 방법

누군가가 말했다. 인생은 전반전에 이기고 후반전에 지면 아쉬움이 남지만 전반전에 지고 후반전에 역전하면 더 깊은 감동이 있다고. 그 말이 마음에 오래 남았다. 젊을 때는 앞만 보고 달리느라 너무 많은 것을 놓쳤고 때로는 잘못된 선택 앞에서 머뭇거리기도 했다. 그렇지만 삶은 언제든 다시 짜볼 수 있고 후반전은 바로 그 재구성의 기회라는 것을 이제는 알고 있다. 우리는 어릴 적부터 계획하는 삶을 배워왔다. 몇 살에 무얼 해야 하고, 어떤 모습으로 살아야 하고, 그 나이에 맞는 역할을 해야 한다고. 그렇게 전반전은 계획의 시대였다. 하지만 후반전은 다르다. 계획보다 의미와 균형이 중요한 시간 스스로에게 진짜 필요한 것이 무엇인지 묻는 시간이다.

"삶을 다시 그리는 데 필요한 것은 새로운 경험이 아니라, 익숙한 것들을 새롭게 바라보는 시선이다."

삶의 재구성은 거창한 결심이나 이사를 떠나는 일에서 시작되는 것이 아니다. 오히려 그것은 매일 반복되던 삶을 다른 감각으로 살아보는 데서 시작된다.

과거에는 일이 삶의 중심이었고 관계는 역할에 따라 움직였다. 하지만 이제는 중심을 다시 설정할 수 있다. 일이 아니라 관계가 삶의 중심이 될 수 있고 '무엇을 했느냐'보다는 '어떤 사람이었느냐'가 더 중요해진다. 삶의 서사를 바꾸는 일은 결국 어떤 가치에 집중하느냐의 문제다.

삶을 재구성한다는 건 지금까지의 경험을 부정하는 것이 아니다. 오히려 그것들을 다시 연결하는 방식이다. 실패했던 일도, 멈췄던 꿈도, 흘려보냈던 관계도, 지금의 나에게 맞는 방식으로 다시 꺼내볼 수 있다. 재구성은 새롭게 채우는 일이 아니라 지금 있는 조각들을 다시 배치하는 일이다.

　무엇보다 삶의 리듬을 조절하는 것이 중요하다. 예전에는 바쁘고, 촘촘하고, 빠른 리듬이었다면 이제는 조금 느리고 단순한 리듬으로 바꿀 수 있다. 아침에 여유 있게 책을 읽는 시간, 관심 가던 분야를 새로 배워보는 시도, 가보지 않았던 길을 산책하는 것. 그렇게 일상의 조각들을 새롭게 엮어나가는 것이 후반전의 재설계다. 쇼펜하우어는 이런 말을 남겼다.

"가장 현명한 자는 자기 삶의 편집자가 된다. 덜어내고, 이어 붙이고, 다시 읽을 줄 안다."

　우리는 과거의 모든 것을 바꿀 수는 없지만 그것들을 어떻게 해석하고 남길지는 선택할 수 있다. 삶을 재구성한다는 건 과거를 무시하는 것이 아니라 그 안에서 의미 있는 흐름을 다시 짜는 일이다. 그리고 그 흐름을 반드시 누군가가 알아줄 필요는 없다. 그것이 나에게 맞고, 나를 편안하게 만들고, 내가 웃을 수 있다면, 그걸로 충분하다. 인생 후반전은 비교와 경쟁이 아니라 회복과 조율의 시간이다. 내가 원하는 삶의 형태로 삶을 다시 그려보는 것. 그 자체가 하나의 아름다운 시도다.

　인생 후반은 무언가를 마무리하는 시간이기도 하지만 동시에 새롭게 써 내려가는 두 번째 서사의 시작이기도 하다. 전반전이 열정과 가능성의 시대였다면 후반전은 통찰과 수용의 시간이다. 그리고 그 시간을 어떻게 살아가느냐에 따라 인생 전체의 결이 달라진다. 삶을 새롭게 짜고 싶은 마음이 든다면 그건 이미 새로운 후반이 시작되었다는 증거다. 이제 남은 건 그 마음에 조용히 따라가 보는 용기뿐이다.

나이가 들어도 꿈을 잃지 않는 법

언제부턴가 꿈이라는 단어가 멀어졌다. 젊을 땐 당연히 있어야 하는 것이었고 물어보면 금세 대답할 수 있었다. 하고 싶은 일, 가보고 싶은 곳, 되고 싶은 사람. 하지만 나이가 들면서 꿈은 점점 '현실적이지 않은 것', '이제는 늦은 것'이라는 이름표를 달기 시작했다. 그렇게 우리는 어느 날 스스로에게 묻는다. '지금 나에게도 꿈이 남아 있을까?'

"욕망은 줄어들 수 있어도, 삶에 대한 열망은 꺼지지 않는다."

쇼펜하우어는 나이가 들수록 욕망이 조용해지지만 삶을 의미 있게 만들고자 하는 마음은 결코 사라지지 않는다고 보았다. 그리고 바로 그 마음이 우리가 말하는 '꿈'이라는 형태로 여전히 남아 있다는 뜻이다. 사람들은 흔히 꿈을 대단한 목표로만 여긴다. 누군가를 감동시키거나 성공으로 이끄는 원대한 계획이어야 한다고 믿는다. 하지만 나이가 든 지금 나는 생각이 바뀌었다. 꿈이란 삶의 결을 조금 더 따뜻하게 바꿔주는 방향성일지도 모른다. 꼭 이뤄야 하는 것이 아니라 내일을 기다리게 만드는 어떤 마음의 불씨. 아주 작고 조용하지만 쉽게 꺼지지 않는 그것. 나이가 든 지금, 꿈은 더 이상 '무엇이 되겠다'는 선언이 아니다. 오히려 어떤 사람으로 살아가고 싶은가, 어떤 감정을 오래 품고 싶은가에 가깝다. 더 많은 책을 읽고 싶다든지, 오랫동안 멀어졌던 친구에게 먼저 연락을 하고 싶다든지, 매일 해가 지는 걸 천천히 바라보며 하루를 마무리하고 싶다든지. 그런 것들이 삶을 다시 숨 쉬게 하고 나를 조금 더 살아 있게 만든다.

꿈을 꾸기 위해 필요한 것은 큰 용기가 아니다. 단지, 지금의 나를 존중하는 태도가 필요하다. **"이 나이에 무슨 꿈이야"** 라고 말하는 순간 삶은 멈춘다. 하지만 **"이 나이에도 여전히 해보고 싶은 게 있어"** 라고 말할 수 있다면 인생은 다시 흐르기 시작한다. 나이와 상관없이 새로운 것을 배워보고 싶고 작게나마 무언가를 만들어 보고 싶은 마음이 있다면 그 자체가 이미 꿈이다.

꿈을 다시 꿀 수 있으려면 비교를 멈추는 일이 선행되어야 한다. 젊은 사람들의 성취, 화려한 경력, 빠른 속도 그런 것들을 바라보다 보면 내 꿈은 왜소하고 뒤늦게 느껴질 수 있다. 하지만 꿈에는 크기나 속도의 문제가 없다. 꿈은 지금 내 삶을 조금 더 내 삶답게 만들어주는 것이면 충분하다.

"당신의 하루가 당신의 인생 전체가 되더라도, 그것을 기꺼이 살아갈 수 있는가?"

그 질문은 지금 내가 무엇을 향해 걷고 있는지를 되돌아보게 만든다. 나이가 들어도 꿈을 잃지 않는다는 건 매일의 삶을 조금 더 내가 원하는 방향으로 돌려놓는 일이다. 그것이야말로 늦은 나이에 가능한 가장 현실적이고 아름다운 꿈꾸기다.

나이 들어 꿈을 꾼다는 건 다시 시작하겠다는 뜻이 아니다. 삶을 끝까지 내 방식으로 살아내겠다는 선언에 가깝다. 더는 남의 기준이 아니라 나만의 감각과 속도로. 그런 태도 안에서 우리는 다시 설레고, 다시 기대하며, 여전히 자신에게 가능성을 허락할 수 있다.

꿈은 시간을 가리지 않는다. 그것은 젊음의 특권이 아니라 살아 있는 모든 이가 가질 수 있는 마음의 권리다. 그러니 이제 나이와 상관없이 내 안의 작고 따뜻한 불씨를 다시 바라볼 차례다. 어쩌면 그 작은 불빛 하나가 앞으로 남은 삶 전체를 밝혀줄지도 모르니까.

삶의 두 번째 기회를 맞이하는 법

삶에는 '처음'이라는 이름이 붙은 많은 순간들이 있다. 첫 직장, 첫사랑, 첫 실패, 첫 이별. 우리는 처음이라는 말에 큰 의미를 부여하며 그것들이 가장 중요하다고 믿는다. 그래서 어떤 일이 어긋나면 '기회는 끝났다'고 느끼고 한 번의 실패에 오래 머물기도 한다. 하지만 나이가 들며 알게 된 것이 하나 있다. 삶은 단 한 번만 기회를 주지 않는다는 것. 인생의 후반은 잃어버린 기회들의 무덤이 아니라 새로운 기회를 조용히 다시 받아들이는 시간일 수 있다. 젊은 시절에는 모든 게 속도였다. 더 빨리, 더 앞서, 더 많이. 하지만 이제는 다르다. 느리게 오더라도, 조금 돌아가더라도, 마음이 준비되었을 때 비로소 나에게 맞는 기회가 도착할 수 있다는 걸 안다.

"기회는 준비된 사람에게만 보인다. 늦음은 죄가 아니지만, 무지가 문제다."

삶의 두 번째 기회를 맞이하는 데 필요한 것은 내가 여전히 변화할 수 있다는 믿음이다. 많은 사람들이 과거의 선택에 갇혀 있다. **"그때 그렇게 하지 말았어야 했는데.", "그 기회를 놓친 게 지금까지 아쉬워."** 그러나 두 번째 기회는 과거의 후회 위에 세워지지 않는다. 오히려 그것은 후회를 딛고 일어나는 사람에게 찾아온다.

두 번째 기회는 처음처럼 크고 명확하지 않을 수 있다. 가령, 전에는 큰 회사를 다니고 싶었다면, 지금은 조용한 카페 한쪽에서 글을 쓰고 싶어질 수 있다. 예전엔 많은 사람 앞에서 무언가를 말하고 싶었다면, 지금은 단 한 사람에게 진심을 전하고 싶을 수도 있다. 기회의 크기가 바뀌는 것이 아니라 내가 원하는 삶의 방향이 달라졌을 뿐이다.

중요한 건 그 기회를 어떻게 받아들이느냐이다. **"이제 와서 무슨 의미가 있겠어"** 라고 말하는 순간, 삶은 멈춘다. 반대로, **"지금이라도 해보고 싶어"** 라고 말하면 삶은 다시 열린다. 두 번째 기회는 과거보다 더 조용하게 다가오고 스스로를 설득해야만 그것을 붙잡을 수 있다.

"삶은 반복되는 것이 아니라, 점진적으로 열리는 것이다."

두 번째 기회는 첫 번째보다 더 깊은 이해와 더 적은 욕심 그리고 더 성숙한 태도를 전제로 한다. 그것은 실패에 익숙해졌기 때문에 가능한 용기이며 기대보다 경험에 뿌리내린 선택이다. 그리고 때로는 두 번째 기회는 밖에서 오는 것이 아니라 내 안에서 새롭게 길어 올리는 마음으로부터 시작된다. 예전엔 두려워 망설였던 일에 조용히 도전해보는 것, 사람들과 멀어졌던 마음을 조금씩 열어보는 것, 나를 미워하던 감정을 천천히 내려놓아보는 것 그런 순간들이야말로 내 삶에 두 번째 기회가 다시 열리는 문이다.

두 번째 기회를 놓치지 않기 위해서는 지금의 나를 너무 작게 보지 않아야 한다. 나이는 숫자일 뿐이고 경험은 자산이다. 과거는 참고서이지 족쇄가 아니며 우리는 여전히 많은 가능성을 품고 있다. 그 가능성을 믿는 순간 삶은 다시 방향을 튼다. 그리고 무엇보다 중요한 것은 두 번째 기회를 '다른 사람처럼' 살기 위한 수단으로 삼지 않는 것이다. 이번에는 나답게 살아보기 위한 도전이어야 한다. 더 이상 타인의 기준을 의식하지 않고, 내가 좋아하는 방식, 나에게 편한 속도, 나만의 언어로 살아가는 기회. 그 기회가 나를 가장 나답게 만든다.

인생은 끝나는 순간까지 살아 있는 것이고 살아 있다는 건 언제든 다시 시작할 수 있다는 뜻이다. 그러니 우리는 두 번째 기회 앞에서 주저하지 않아도 된다. 첫 번째가 어떠했든 상관없다. 지금 이 순간을 진심으로 다시 살아보려는 마음이 있다면 그 자체로 우리는 이미 새로운 문 앞에 서 있는 것이다.

쇼펜하우어에게 배우는
삶의 자세

✔ 나이가 들어도 성장은 멈추지 않는다

호기심과 배움의 자세를 잃지 않으면, 삶은 확장될 수 있다.

✔ 인생 후반은 삶을 다시 설계할 수 있는 시기다

지금까지의 경험을 바탕으로, 새로운 방식의 삶을 그려보라.

✔ 꿈은 나이와 상관없이 계속될 수 있다

마음속 열망을 놓지 않을 때 삶은 활기를 되찾는다.

✔ 작지만 의미 있는 변화를 시작하라

거창한 계획보다 일상의 작은 변화가 인생 전체를 바꾼다.

✔ 두 번째 기회를 위해 과거를 내려놓아라

후회보다 가능성에 집중할 때, 삶은 언제든 새롭게 펼쳐진다.

Arthur Schopenhauer

4부

삶의 지혜를 나누는 법

경험을 지혜로 바꾸는 기술

우리는 살면서 수많은 경험을 한다. 크고 작은 성공, 예기치 못한 실패, 놓쳐버린 기회, 뜻하지 않은 만남들. 시간이 흐를수록 그 경험들은 우리 안에 쌓이지만 그 자체로 지혜가 되진 않는다. 어느 날 문득 깨닫는다. '삶은 많은 것을 겪었다고 해서 반드시 깊어지는 건 아니구나.' 쇼펜하우어는 이런 말을 남겼다.

"경험은 자료일 뿐, 그것을 지혜로 바꾸는 것은 사유의 몫이다."

많은 이들이 말한다. **"나도 그 시절 다 겪어봤다."** 하지만 중요한 것은 얼마나 겪었느냐가 아니라 그 경험을 어떻게 바라보고 정리했는가이다. 같은 일을 겪어도 누군가는 그 안에서 의미를 찾고 더 나은 삶을 향한 발판으로 삼는 반면, 누군가는 상처만 남긴 채 그 기억에 머무른다. 경험이 지혜로 변하려면 반드시 그 사이에 성찰이라는 과정이 필요하다.

성찰이란 단지 기억을 떠올리는 일이 아니다. 그 기억을 꺼내어 조용히 들여다보고, 그때의 나를 다시 이해하고, 지금의 내가 무엇을 배울 수 있을지 묻는 일이다. 그것은 감정을 정리하는 것이기도 하고 잘못된 관점을 내려놓는 일이기도 하다. 그렇게 우리는 경험을 다시 사유할 때 비로소 그것이 삶의 자산이 된다.

경험을 지혜로 바꾸는 기술에는 몇 가지 태도가 필요하다. 먼저 겸손이다. 내가 겪은 일이 절대적이라고 생각하면 그 경험은 오히려 편견이 된다. **"나는 다 알아"**, **"그건 해봤어"**라는 말은 지혜를 단절시키는 문이다. 쇼펜하우어는 지혜로운 사람일수록 말을 아낀다고 했다. 왜냐하면 그는 경험보다 경험의 해석이 얼마나 다양한지를 알기 때문이다.

다음은 거리 두기다. 경험을 지나치게 감정적으로 붙들고 있으면 우리는 거기서 아무것도 배우지 못한다. 특히 고통스러운 경험일수록 시간이 필요하다. 상처가 아직 아물지 않았다면 그 경험은 지혜가 되기보다 다시 나를 찌르는 칼날이 된다. 적당한 시간과 적당한 거리는 과거의 경험을 객관적으로 바라볼 수 있는 자리를 마련해준다.

마지막은 공감의 확장이다. 내 경험만으로 세계를 판단하지 않고 다른 이의 삶과 감정을 이해하려는 노력을 해야하고, 지혜는 언제나 타인을 향해 열려 있어야 하며 나의 경험이 다른 이의 고통을 이해하는 다리가 될 때 비로소 그것은 지혜가 된다.

사람들은 흔히 지혜를 '나이'나 '연륜'의 결과라고 생각하지만 나는 그렇게 믿지 않는다. 어떤 이는 오래 살아도 고집만 깊어지고 또 어떤 이는 짧은 삶에서도 놀라운 통찰을 보여준다. 지혜는 시간의 산물이 아니라 태도의 결과다. 삶을 대하는 자세, 자신을 돌아보는 힘, 타인을 품는 여유. 그것이 경험을 지혜로 바꾸는 기술이다.

"지혜란, 스스로 묻고 스스로 대답할 수 있는 능력이다."

자기자신에 대한 질문이 정직할수록 삶은 더 깊어진다. 나의 삶이 단지 오래 살았다는 이유가 아닌 그 안에서 어떻게 나 자신과 마주해왔는가에 따라 달라질 수 있다는 것. 우리는 누구나 자기 삶의 철학자가 될 수 있고 지금 이 순간에도 경험을 지혜로 바꾸는 길 위에 서 있다.

후배 세대와 소통하는 법

나이가 들수록 다음 세대를 마주하는 시간이 많아진다. 직장에서는 후배들을 이끌어야 하고 가정에서는 자녀나 조카와 대화를 나누게 된다. 처음에는 나도 모르게 가르치려 들었다. 경험이 많다는 이유로, 더 오래 살아왔다는 이유로, 내가 더 잘 알고 있다고

믿었기 때문이다. 하지만 어느 순간부터 깨달았다. '말을 많이 한다고 해서 소통이 되는 건 아니구나.'

"말은 이해의 도구이지, 강요의 도구가 되어서는 안 된다."

쇼펜하우어는 세대 간의 소통이 어려워지는 이유를 '말하는 방식'에서 찾았다. 아무리 좋은 의도라도 그것이 상대의 맥락을 배제한 채 일방적으로 전달된다면 결국 벽만 남는다는 것이다. 나는 그 말을 늦게야 이해했다. 좋은 말도, 맞는 말도, 상대가 받아들일 준비가 되어 있지 않으면 무용지물이라는 사실을. 후배 세대와 소통하려면 먼저 경청이 필요하다. 우리는 너무 오랫동안 말하는 데 익숙해져 있다. 조언은 빠르고 판단은 쉽게 내린다. 하지만 요즘 젊은 세대는 다르다. 그들은 '어떤 말'보다 '어떻게 듣고 있는가'를 더 중요하게 여긴다. **"그땐 다 그랬어"**라는 말보다 **"그때는 어땠니?"**라고 묻는 태도가 훨씬 더 큰 신뢰를 만든다.

경청은 단지 침묵하는 게 아니다. 진짜 들으려는 마음으로 귀를 기울이는 것 그 안에서 상대의 언어와 감정을 읽어내는 것이다. 말을 자꾸 끊고 싶을 때마다 '내가 정말 저 사람을 알고 싶은가?'라는 질문을 스스로에게 던지면 도움이 된다. 소통은 정보의 전달이 아니라 존재의 인정에서 시작되기 때문이다.

두 번째는 판단을 늦추는 태도다. 후배 세대를 보면 답답하게 느껴질 때가 있다. 비효율적으로 보이고, 너무 감정적이며, 쉽게 포기하는 것처럼 보이기도 한다. 하지만 그건 우리가 살아온 시대의 잣대로 본 시선일 뿐이다. 지금 이들이 살아가는 세상은 우리가 알던 세계와는 전혀 다르다. 그들의 선택과 언어, 감정과 방식은 그들 나름의 생존법일 수 있다. 그것을 인정하지 않고 비판만 한다면 소통은 단절된다. 쇼펜하우어는 젊은이들에 대해 이렇게 썼다.

"그들은 아직 인생을 배워가는 중이므로, 그들의 충돌은 당연한 것이다. 중요한 건 그 충돌 앞에서 어른이 취하는 태도다."

우리는 후배 세대가 우리의 조언을 듣게 만들기보다 우리의 태도를 통해 그들이 신뢰할 수 있는 어른이 되어야 한다.

마지막으로, 소통은 기억을 나누는 일이다. 정답을 알려주는 게 아니라 내가 겪은 이야기 중 그들에게 도움이 될 수 있는 조각을 전하는 것. 말에 힘이 실리는 순간은 '맞는 말'보다 '진짜 겪은 말'일 때다. 내가 어떻게 실패했고, 무엇을 놓쳤으며, 어떻게 회복했는지를 진심으로 나누는 것. 그 솔직한 고백은 책에 없는 경험의 지혜로 마음과 마음을 잇는 다리가 된다.

나이가 들어간다는 건 지혜를 품고 살아가는 일이다. 그 지혜는 나 혼자만 간직하기 위한 것이 아니다. 누군가가 내 뒤를 따라올 때 그 길이 조금 덜 어두웠으면 하는 마음, 돌부리에 덜 걸렸으면 하는 마음, 그 마음이 바로 삶을 나누는 방식이자 가장 따뜻한 소통의 시작이다.

인생 후반을 의미 있게 살아가는 법

젊을 때는 의미를 찾지 않아도 삶이 충분히 분주했다. 해야 할 일은 넘쳤고 성취하고 싶은 목표도 끊임없이 생겨났다. 이루고 싶은 것도, 해보고 싶은 것도 많았기에 하루하루를 정신없이 살아내는 것만으로도 삶은 저절로 흘러갔다. 고민할 겨를도 없이 시간은 앞만 보고 달렸고, 존재의 이유를 묻기보다는 그저 주어진 일상을 따라가는 데에 온 힘을 쏟았다. 그런데 나이가 들면서 상황이 달라졌다. 역할은 줄어들고, 일은 서서히 정리되고, 사회가 요구하는 존재의 크기는 점점 작아진다. 한때는 당연하던 책임과 자리가 하나둘 사라지고, 바쁘게 지나던 시간 속에서 잠시 멈춰 선 지금, 문득 '나는 어떤 사람으로 남을 것인가'를 자주 되묻게 된다.

"의미는 일에 있지 않고, 삶을 바라보는 관점에 있다."

쇼펜하우어의 말은 나에게 위로였다. 의미란 거창한 일을 성취하는 데 있지 않으며, 지금의 나를 있는 그대로 받아들이고, 그 자리에서 삶을 다시 해석하는 일에서 비롯된다는 뜻이었기 때문이다. 인생 후반을 의미 있게 살아가기 위해서는 먼저 의미의 기준을 바꾸어야 한다. 젊을 땐 성과와 속도가 기준이었다. 얼만큼 이루었는가, 얼마나 빨랐는가가 중요했다. 하지만 이제는 속도보다 방향, 성과보다 충실함이 중요해진다. 조용한 일상 속에서 자신만의 리듬으로 하루를 살아내는 것, 남들과 비교하지 않고 나만의 방식으로 삶을 이어가는 것 그런 일들이야말로 지금 시기의 진짜 의미다.

두 번째는 가치를 재정비하는 일이다. 예전에는 돈, 지위, 성취가 삶의 핵심을 이루었다면 이제는 시간, 건강, 관계가 훨씬 더 소중하게 다가온다. 건강을 잃고 나서야 몸의 언어를 듣게 되고 사람이 떠난 뒤에야 관계의 무게를 느끼게 된다. 인생 후반의 의미는 늘 잃어본 사람만이 아는 방식으로 다가온다. 그리고 우리는 그 늦은 깨달음 속에서 삶을 새롭게 다듬는다.

중요한 것은 나를 필요로 하는 곳에서 작게나마 역할을 이어가는 일이다. 반드시 누군가를 돕는 거창한 일이 아니어도 좋다. 단지 오늘 하루 누군가의 이야기를 들어주었거나, 나보다 어린 이에게 작은 조언을 건넸거나, 스스로를 위해 따뜻한 밥 한 끼를 차려냈다면, 그것만으로도 우리는 삶을 돌보고 있는 것이다. 의미는 멀리 있는 것이 아니라 내가 머물고 있는 자리에서 만들어지는 일상의 정성 속에 숨어 있다.

"가장 단순한 삶이 가장 깊은 삶일 수 있다."

젊을 때는 몰랐다. 늘 뭔가를 이루고 남들보다 앞서야 한다고 믿었기 때문이다. 하지만 하루를 무사히 보내고 스스로에게 수고했다고 말할 수 있는 그 상태 자체가 얼마나 귀한 의미인지를 지금은 알고 있다.

인생 후반을 의미 있게 살아간다는 건 더는 무언가를 '해야만 하는 삶'이 아니라, 하고 싶은 마음을 따라 살아가는 삶으로 전환되는 것이다. 그리고 그 마음은 대개 소박하다. 아침 햇살에 기분이 좋아지고, 평범한 식사에 감사하며, 오래된 음악을 들으며 웃을 수 있다면, 이미 그 하루는 충분히 의미 있다.

어쩌면 우리가 잊고 있었던 건 의미란 특별한 상황에서만 얻는 게 아니라는 사실이다. 의미는 마음이 열린 순간 지금 여기를 정직하게 바라보는 눈빛 속에서 깃든다. 바쁘게 지나쳐온 날들, 이루지 못한 욕망, 놓쳐버린 기회 위에도 여전히 삶은 숨 쉬고 있고 지금 이 순간에도 나를 통해 흘러가고 있다. 그리고 바로 그 흐름을 느끼며 살아가는 것. 그것이야말로 인생 후반을 의미 있게 채우는 유일한 방법이다.

나이를 지혜와 품위로 채우는 법

나이가 든다는 건 단순히 숫자가 늘어나는 일이 아니다. 달력 위의 숫자 변화보다 더 실감나는 건 몸의 반응과 마음의 변화다. 더는 젊지 않다는 사실을 자주 체감하게 되고, 예전보다 느려진 몸과 한 템포 늦은 반응에 당황하기도 한다. 예전 같으면 쉽게 해냈을 일들이 이제는 망설임이나 피로를 동반하고, 회복은 더디고 기력은 쉽게 빠진다. 사람들의 중심에서 조금씩 비켜나 있는 자신을 보며 마음이 조용히 쪼그라드는 순간도 있다. 말없이 흘러가는 대화 속에서 예전만큼 필요하지 않은 존재처럼 느껴질 때, 조용한 외로움이 마음 한구석에 자리를 잡기도 한다.

"더 이상 젊지 않다고 느낄 때, 인간은 처음으로 삶을 사유할 수 있다."

쇼펜하우어는 나이가 들어가는것이 단지 쇠퇴의 과정이 아니라, 삶을 깊이 이해하고 정리하는 고요한 축복이라고 보았다. 나이든다는건 내면을 채우는 시간이 시작되었다는 뜻이다. 이 시기를 어떻게 채우느냐에 따라 우리 삶의 마지막 인상은 전혀 달라질 수 있다.

나이를 지혜로 채운다는 건 먼저 삶을 해석하는 힘을 갖는 일이다. 과거를 탓하지 않고 지금까지 걸어온 길에 스스로 고개를 끄덕일 수 있어야 한다. 실수도 있었고, 후회도 있었지만 결국 그 모든 것이 지금의 나를 만든 것이다. 그 사실을 받아들일 수 있을 때 비로소 우리는 지혜로워진다. 지혜란 많이 안다는 뜻이 아니라 지나온 삶을 잘 이해하고 포용할 수 있다는 태도다.

다음은 품위를 지키는 법이다. 품위란 겉모습이 아니라 마음의 자세에서 나온다. 누군가에게 존중을 받지 못해도 스스로를 존중하는 마음, 세상이 내 존재를 환영하지 않아도 나 스스로에게 따뜻한 인사를 건넬 수 있는 용기, 그것이야말로 나이든 사람에게 가장 어울리는 품위다.

품위는 느림 속에서도 조급해지지 않는 여유에서 시작된다. 말

수가 줄어들고, 판단이 늦어지고, 감정의 기복이 줄어드는 건 결코 부끄러운 일이 아니다. 그것은 오히려 인생의 수많은 소란을 지나온 사람만이 가질 수 있는 고요함이다. 쇼펜하우어는 그런 고요함을 '내면의 안정'이라 불렀다. 그것이야말로 삶의 마지막에 가장 깊이 남는 인상이 된다.

품위 있게 산다는 건 타인을 향한 태도에서도 드러난다. 젊은 세대를 이해하려 하고, 상대의 서투름을 판단하기보다 기다릴 줄 알고, 때로는 조언보다 미소로 반응하는 여유. 그런 사람이 곁에 있을 때 우리는 '나이가 들어가는것이 꼭 두려운 것만은 아니구나' 하고 안도하게 된다. 결국 우리가 남기게 되는 건 말보다 삶의 태도에서 묻어나는 인상이다. 그리고 무엇보다 나이를 품위 있게 채운다는 건 자신을 끝까지 돌보는 일이기도 하다. 외모를 가꾸는 것, 건강을 유지하려는 노력, 정리된 말과 감정을 지키려는 태도. 그 모두가 삶에 대한 존중이자 내가 나를 포기하지 않는 증거다. 늙었다고 아무렇게나 해도 괜찮다는 생각은 자신을 너무 이른 나이에 떠나보내는 일이 될 수 있다.

쇼펜하우어는 노년을 '조용한 정원'이라 불렀다. 더는 바쁘지 않고, 굳이 나서지 않아도 되며, 스스로의 세계를 가꿀 수 있는 시간. 그 정원을 어떻게 가꾸느냐에 따라 삶의 마지막 계절은 전혀 다른 풍경이 된다. 꽃은 많지 않아도 좋다. 대신 뿌리가 깊고 향이 오래 남는 나무 하나만 있다면 충분하다. 그 나무가 곧 '내가 어떤 사람으로 살았는가'라는 삶의 증거이기 때문이다.

 나이를 지혜와 품위로 채운다는 건 결국 마지막까지 삶을 사랑하는 방식이다. 더는 바꾸지 못하는 것들 앞에서도 평온을 잃지 않고 아직 주어진 날들 앞에 감사할 수 있는 마음. 그것이 삶의 마지막 장면을 아름답게 채우는 가장 좋은 방법일 것이다.

쇼펜하우어에게 배우는
삶의 자세

✔ 경험을 지혜로 바꾸려면 성찰이 필요하다

그 의미를 되짚고 삶에 적용해야 비로소 지혜가 된다.

✔ 후배 세대와 소통하려면 공감이 먼저다

자신을 앞세우기보다, 그들을 이해하려는 태도가 중요하다.

✔ 인생 후반은 의미를 나누는 시간이다

성취보다는 나눔이, 성공보다는 진심이 삶을 너욱 깊게 만든다.

✔ 품위있게 나이가 드는 것은 열린 마음에서 시작된다

타인을 존중하고, 부족함을 인정할 때 진정한 품위가 생긴다.

✔ 지혜는 나눌 때 더 깊어진다

조언은 강요가 아니며, 솔직한 삶의 이야기가 힘이 된다.

Arthur Schopenhauer

제4장

예민한 사람을 위한 삶의 기술

"예민한 사람은
타인이 느끼지 못하는 미세한 자극을 모두 느낍니다.
이것은 때로는 축복이지만, 자주 고통이 되기도 합니다."

- 섬세한 사람이 행복하게 살아가는 법 -

당신은 얼마나 자주 '내가 너무 예민한 건 아닐까'라는 생각을 해보았는가? 사소한 말에도 상처받고, 작은 소리에도 놀라며, 타인의 감정에 깊이 공감하다 지친 적은 없는가? 현대 사회는 빠르고 거칠게 돌아가고 사람들은 쉽게 단호해지기를 요구한다. 그 속에서 예민한 사람들은 종종 자신이 '세상과 어울리지 않는 사람'이라는 불편한 결론에 이르곤 한다. 그러나 쇼펜하우어는 전혀 다른 시선을 건넨다.

"예민한 사람은 타인이 느끼지 못하는 미세한 자극을 모두 느낍니다. 이것은 때로는 축복이지만, 자주 고통이 되기도 합니다."

예민함은 결함이 아니라 더 많은 것을 감지할 수 있는 능력이다. 타인의 말투 속에 숨겨진 감정을 읽고, 계절의 변화를 공기의 결로 느끼며, 삶의 미묘한 흐름을 누구보다 먼저 감지하는 감각. 이는 때로 피로와 고통의 원인이 되기도 하지만, 동시에 삶을 더욱 깊고 풍요롭게 만들어주는 중요한 자질이기도 하다. 쇼펜하우어는 예민한 사람들이야말로 삶의 세밀한 결을 가장 잘 이해할 수 있는 사람이라고 말한다. 문제는 예민함 자체가 아니라 그것을 어떻게 받아들이고 다루느냐에 있다.

어떻게 해야 예민한 성향을 억누르지 않으면서도 지치지 않고 삶의 균형을 유지할 수 있을까? 예민함을 부끄러워하지 않고 나 자신으로 살아가기 위해 필요한 조건은 무엇일까? 타인의 감정에 쉽게 휘둘리지 않으면서도 깊은 관계를 유지할 수 있는 법, 예민한 감각을 창조성으로 승화시키는 법, 그리고 감정의 파도 속에서 내면의 중심을 지키는 법은 무엇일까?

이제 펼쳐질 4장에서는 예민한 사람으로서 살아가기 위한 쇼펜하우어의 현실적인 조언을 만나게 된다. 고요한 내면의 평화를 찾아가는 길, 그리고 자신의 민감함을 부끄러워하지 않고 삶의 자산으로 삼는 길이 여기 담겨 있다. 예민함을 억누르기보다 껴안고 살아가는 법, 그 아름답고 단단한 삶의 기술을 함께 배워보자.

1부

예민함이 고통이 되는 이유

예민한 사람이 세상을 힘들게 느끼는 이유

"왜 이렇게 별일 아닌데도 마음이 복잡하지?", "다른 사람은 아무렇지 않게 지나가는데, 왜 나는 계속 신경이 쓰일까?"

이런 생각을 한 적이 있다면 아마 당신은 예민한 사람일 가능성이 크다. 세상의 변화나 타인의 말, 공간의 분위기, 자신의 감정에 유독 민감하게 반응하는 사람. 우리는 그런 사람을 흔히 '예민하다'고 부른다. 그리고 종종 그 말은 평가나 지적처럼 들린다.

하지만 예민하다는 건 결코 잘못된 특성이 아니다. 다만, 그 예민함을 어떻게 다루느냐에 따라 삶의 결이 달라질 뿐이다.

예민한 사람은 세상을 '더 많이' 느낀다. 같은 장면도 더 깊이 받아들이고 같은 말도 더 넓게 해석한다. 분위기의 미묘한 변화나 눈빛 하나에도 마음이 흔들리고 누군가의 말투나 표정에 오랫동안 감정이 묶여 있기도 한다. 그만큼 많은 것을 알아채고 더 깊이 감각한다는 뜻이기도 하다. 하지만 그 능력은 동시에 부담이 되기도 한다. 정보가 과도하게 들어오고 감정의 반응이 세상을 향해 항상 열려 있기 때문이다. 쇼펜하우어는 인간의 고통이 단지 외부 환경 때문이 아니라 그것을 받아들이는 내면의 감각 구조에서 비롯된다고 보았다.

"모든 고통은 감각을 통해 인식된다. 감각이 날카로울수록 고통은 깊어진다."

예민한 사람은 바로 이 '날카로운 감각'을 타고난 사람이다. 소리를 더 크게 듣고, 분위기를 더 무겁게 느끼며, 감정을 더 빠르게 감지한다. 이런 성향은 남들보다 더 빨리 고통을 알아차릴 수 있지만 반대로 작은 자극에도 쉽게 지치고 상처받을 수 있다는 점에서 스스로를 더 힘들게 만든다. 또한 예민한 사람은 끊임없이 생각하고 해석하는 경향이 있다. 지나간 대화를 수십 번 곱씹고, 누군가의 말에 숨은 뜻을 상상하고, 앞으로 닥칠 상황에 대한 걱정을 멈추지 못한다. 감정의 흔적이 쉽게 사라지지 않기 때문에 마음이 가라앉을 틈 없이 다음 감정이 덮쳐오는 경우도 많다. 결과적으로 피로가 누적되고 사회적 관계나 일상에서도 쉽게 번아웃에 빠지게 된다.

세상이 예민한 사람에게 친절하지만은 않다는 것도 문제다. 빠르게 돌아가는 사회, 감정을 자주 표현하지 않는 문화, 무심함을 강요하는 관계 속에서 예민함은 '부적응'처럼 여겨지기 쉽다. **"그 정도는 그냥 넘어가야지", "너무 예민하게 굴지 마"** 같은 말은 예민한 사람의 고통을 제대로 들여다보지 않고 덮어버리는 태도일 수 있다. 그러다 보면 예민한 사람은 자신의 감정을 숨기게 되고 점점 더 고립감을 느끼게 된다.

그럼에도 불구하고 예민함은 결코 단점으로만 규정되어선 안 된다. 예민한 사람은 누구보다 깊이 공감하고, 섬세하게 반응하며, 복잡한 감정을 정교하게 인식할 줄 아는 사람이다. 문제는 그 감각을 다루는 기술이 부족할 뿐이지 예민함 자체가 삶을 망치는 요소는 아니다. 오히려 제대로 이해하고 조절할 수 있다면 그것은 감정적 민감성이라는 이름의 강력한 자산이 된다.

예민한 사람은 쉽게 피로해지지만 동시에 남들보다 훨씬 풍부한 감정 세계를 살아간다. 그것이 고통일 수도 있지만 다른 누구도 경험하지 못하는 깊은 감정의 울림일 수도 있다. 중요한 것은 그 예민함을 억누르거나 부정하려 하지 않고 그 속에서 나를 이해하고 지켜내는 방식을 찾는 일이다.

"나는 예민하다. 그래서 세상을 더 깊이 느낀다. 그리고 그것은 내 삶의 약점이 아니라, 나만이 가진 섬세한 능력이다."

섬세한 감각이 삶에 미치는 영향

사람마다 세상을 받아들이는 감각의 크기와 결은 다르다. 어떤 사람은 바람이 불어도 그저 지나가는 바람으로 느끼고 누군가의 말에 담긴 의미를 깊이 고민하지 않는다. 하지만 어떤 사람은 바람의 온도와 속도에 따라 감정이 달라지고, 한 문장의 뉘앙스 하나에도 밤새 잠 못 이룬다. 그 차이는 단지 기분의 문제일까? 아니면 삶을 바라보는 방식의 근본적인 차이일까?

예민한 사람은 세상의 자극을 '미세하게 그리고 강하게' 받아들인다. 같은 소리도 더 크게 들리고 같은 장면도 더 뚜렷하게 남는다. 눈치가 빠르다는 말은 칭찬처럼 들리지만 사실 그건 눈치 채고 싶지 않아도 채워지는 감각의 강도에서 비롯된 것이다. 그리고 그 감각은 단순히 '예민하다'는 말로만 설명할 수 없는 삶의 리듬 전체에 영향을 주는 요소다.

쇼펜하우어는 감각과 고통의 관계에 대해 자주 언급했다.

"감각이 섬세할수록 삶의 진폭은 커진다. 고통도, 기쁨도, 더 크게 밀려온다."

이 말은 섬세한 감각이 단지 약점이 아니라 삶의 모든 감정을 더 입체적으로 경험하게 해주는 통로라는 뜻이기도 하다.

섬세한 감각을 가진 사람은 아름다운 음악에 눈물을 흘리고 다른 사람이라면 무심히 넘길 만한 풍경 앞에서 오래 멈춰 선다. 누군가의 따뜻한 말 한마디가 오랫동안 가슴에 남고 사랑하는 사람의 표정 변화에 누구보다 먼저 마음이 동요된다. 감정의 결이 깊고 넓기 때문에 삶을 더 풍요롭게 느낄 수 있다. 하지만 바로 그 깊은 감각은 일상의 사소한 장면에서도 쉽게 마음을 흔들리게 한다. 누군가의 차가운 말투, 무심한 시선, 기대에 못 미친 자신의 모습. 이런 작은 일에도 마음이 깊이 흔들리고 때로는 그 흔들림에서 빠져나오는 데 오랜 시간이 걸리기도 한다. 감정이 한번 요동치면 그것은 단순한 불편함이 아니라 삶 전체를 뒤흔드는 정서적 피로감이 되기도 한다.

이런 섬세한 감각은 대인관계에서도 뚜렷하게 나타난다. 예민한 사람은 다른 사람의 감정에 쉽게 영향을 받고 분위기를 빠르게 파악한다. 그래서 갈등 상황에서 먼저 조심하고 회피하거나 자신을 탓하는 경향도 있다. 상대의 말보다 태도, 말보다 표정을 먼저 읽는 탓에 불편함을 감지하고 혼자서 감정을 삭이는 경우가 많다. 결국 사람과의 거리를 어떻게 유지하느냐가 예민한 사람의 삶의 질에 큰 영향을 미친다.

또 하나 중요한 점은 이런 섬세한 감각이 창조성과 연결된다는 사실이다. 예술, 글쓰기, 상담, 기획, 디자인 등 감정을 다루는 분야에서 예민한 사람들은 탁월한 감각을 발휘한다. 왜냐하면 그들은 말로 다 표현되지 않는 흐름을 읽고 감정의 미세한 떨림을 감지하는 데 익숙하기 때문이다. 섬세한 감각은 그 자체로 아름다움을 포착하는 능력이며 세상의 깊은 결을 발견하게 만드는 도구다.

"고통을 감지하는 자는, 아름다움을 감지할 능력도 가장 크다."

쇼펜하우어의 이 말은 예민한 사람의 삶을 다시 바라보게 만든다. 그들이 겪는 감정의 고통은 때때로 무겁지만 동시에 누구보다 깊이 있는 삶을 살아가는 사람들이라는 뜻이기도 하다. 중요한 건 이 감각을 억누르거나 없애려 하지 않는 것이다. 대신 스스로를 보호하면서도 그 감각을 활용하는 방법을 배우는 것. 그것이 예민한 사람에게 가장 필요한 삶의 기술이다.

예민함을 부정하지 말고 이해하기

예민하다는 말은 때때로 공격처럼 들린다. **"너 왜 그렇게 예민해?", "그 정도 일로 왜 그래?"** 이런 말을 들을 때마다 마음이 움츠러들고 내가 너무 유난스러운 건 아닐까 스스로를 의심하게 된다. 그래서 예민한 사람들은 자주 자신을 숨기고 감정을 감춘다. 감각은 살아 있지만 표현하지 않으려 애쓰는 그 마음. 어쩌면 그게 가장 큰 고통일지 모른다.

우리는 어릴 때부터 '강한 사람이 되어야 한다'는 말을 들어왔다. 흔들리지 말고, 눈치 보지 말고, 웬만한 일엔 둔감해지라고. 감정을 있는 그대로 느끼기보다 조절하거나 덮어야만 한다는 사회의 시선은 예민한 사람들을 자신의 본성과 멀어지게 만들었다. 그 결과 감정을 느끼는 자신을 부정하게 되었고 나중에는 자신이 왜 아픈지도 모르게 된 채 지쳐가는 삶을 살게 되었다.

쇼펜하우어는 인간 내면의 고통에 대해 누구보다 깊이 고민한 철학자였다.

"인간은 자기 본성을 부정할 때 가장 큰 불행에 빠진다."

이 말은 예민한 사람에게 깊은 울림을 준다. 왜냐하면 예민함은 타고난 성향이고 삶을 받아들이는 방식의 하나이기 때문이다. 그것을 억지로 바꾸거나 없애려 하면 결국 스스로와의 관계가 틀어지고 자존감은 서서히 무너진다.

예민함을 이해한다는 건 우선 그 감정이 어디서 오는지를 관찰하는 것에서 시작된다. 어떤 상황에서 불편을 느끼는지, 어떤 말에 오래 반응하는지, 감정이 올라올 때 몸에선 어떤 신호가 나타나는지 알아야 한다. 예민한 감정은 어느 날 갑자기 터지는 것이 아니라 아주 작은 자극에서 차곡차곡 쌓인 것들이다. 그것들을 부정하지 않고 '왜 그런 감정을 느꼈을까?' 하고 조용히 물어보는 습관. 그것이 자기이해의 첫걸음이다.

예민함을 이해하기 위해선 '정상'이라는 기준을 잠시 내려놓아야 한다. 사람마다 감각의 범위는 다르고 반응의 크기도 다르다. 어떤 사람에겐 아무렇지 않은 일이 나에겐 무겁게 다가올 수 있고, 반대로 내가 민감하게 받아들이는 것을 누군가는 이해하지 못할 수도 있다. 그건 옳고 그름의 문제가 아니다. 단지 다른 존재 방식일 뿐이다. 그리고 때로는 예민함이 내 안에서 어떤 신호로 작동하는지를 살펴볼 필요도 있다. 불편한 상황에서 민감하게 반응하는 감정은 그 자리가 나에게 맞지 않다는 뜻일 수도 있고, 오래 참아온 감정이 이제는 더 이상 견딜 수 없다는 몸의 외침일 수도 있다. 예민함은 '무조건 참으라'고 하는 대신 지금의 삶이 나에게 맞는지를 묻는 나침반이 될 수 있다.

"자기 자신과의 조화를 이룬 사람은 외부의 소음에도 흔들리지 않는다."

예민함을 부정하지 않고 이해할 수 있을 때 우리는 비로소 자신과 조화를 이루게 된다. 그리고 그 조화 속에서 타인의 시선에 휘둘리지 않고 내 감정을 있는 그대로 받아들일 수 있게 된다.

예민함은 '고쳐야 할 결함'이 아니다. 알아차리고, 다듬고, 지켜야 할 하나의 능력이다. 그 능력을 나를 괴롭히는 감정에서 나를 보호하고 이끄는 자원으로 바꾸기 위해서는 무조건 참거나 무시하는 대신 인정하고 다루는 연습이 필요하다.

"나는 예민하다. 그래서 나는 더 많은 것을 느끼고, 더 깊이 살아간다. 그리고 이제는 그 감정을 숨기지 않고, 이해하며 살아가고 싶다."

민감한 감정을 있는 그대로 인정하기

예민한 사람들은 흔히 스스로의 감정을 '지나치다'고 느낀다. 사소한 말에 마음이 무너지고, 사람 많은 공간에서 이유 없이 긴장하며, 누군가의 무심한 태도에 하루 종일 마음이 걸려 있다. 그리고 그런 감정 앞에서 자주 자신에게 묻는다. **"왜 이렇게까지 흔들릴까?", "내가 이상한 걸까?"**

감정이 깊고 섬세하다는 것은 느끼는 범위가 넓다는 뜻이다. 하지만 그 감정의 크기를 인정받지 못할 때 예민한 사람들은 곧잘 자기 검열을 시작한다. **"괜히 예민하게 굴지 말자.", "이 정도는 그냥 넘겨야 해."** 이렇게 스스로를 다그치고 억누르다 보면 감정은 해소되지 않고 속에서 응어리진 채 남는다. 결국 마음은 자주 피로해지고 감정의 무게는 더 무거워진다. 쇼펜하우어는 고통의 본질을 감정 자체보다 감정을 억제하려는 태도에서 비롯된다고 보았다.

"감정은 억누를 때 병이 되고, 이해할 때 비로소 사라진다."

이 말은 예민한 사람들이 스스로의 감정을 받아들이는 데 얼마나 중요한 힌트를 주는지 모른다. 감정을 없애야 하는 것이 아니라 그 감정을 '있는 그대로' 인정하는 것. 그 순간부터 마음은 조금씩 나아가기 시작한다.

우리는 종종 감정을 이성으로 눌러야 한다고 배워왔다. 이성적으로 생각하라, 감정적으로 반응하지 말라는 말들 속에서 감정은 '덜 성숙한 것'으로 여겨져 왔다. 하지만 감정은 인간을 인간답게 만드는 가장 본질적인 요소이며 특히 예민한 사람에게 감정은 삶을 구성하는 중심축이다.

민감한 감정을 인정한다는 건 슬플 때 슬프다고 말할 수 있는 용기를 갖는 것이다. 괜찮지 않을 때 괜찮지 않다고 말하고 화가 날 때 그 감정을 억지로 누르지 않는 것. 감정을 표현하는 순간 그 감정은 더 이상 나를 집어삼키는 괴물이 아니라 내가 돌볼 수 있는 하나의 '마음의 생명체'가 된다. 물론 감정을 있는 그대로 인정한다고 해서 모든 것이 해결되지는 않는다. 하지만 그 인정이 시작되어야만 우리는 내 감정과 나 자신 사이의 거리를 좁혀갈 수 있다. **"왜 이런 감정을 느꼈지?"** 라고 따지기보다 **"그래, 지금 이 감정을 느끼고 있구나"** 하고 말해주는 순간 그 한 마디가 마음을 지탱하는 안전망이 된다.

감정을 억누르다 보면 결국 감정에 휘둘리게 된다. 반대로 감정을 인정하고 들여다볼수록 우리는 그 감정에 휘둘리지 않고 관찰자처럼 바라보는 위치에 설 수 있다. 예민한 사람에게 필요한 것은 감정을 없애는 법이 아니라 감정을 다루는 태도와 언어를 익히는 일이다.

쇼펜하우어는 감정을 철저히 인식하는 삶을 '내면의 성찰'이라 불렀다. 그에 따르면 삶을 살아간다는 건 결국 자기 안의 감정과 끊임없이 대화하는 일이다. 그 대화가 정직할수록 삶은 더 단단해지고, 감정의 파도도 점차 잔잔해진다.

민감한 감정은 삶을 어렵게 만들기도 하지만 동시에 세상을 더 다정하게 바라보게 만든다. 누군가의 아픔에 더 빨리 공감하고,

사소한 순간에도 감사할 줄 알며, 타인의 무심한 말 속에서조차 의미를 찾는 사람. 그 사람이 바로 '예민한 사람'이고 감정이 풍부한 사람이다.

쇼펜하우어에게 배우는
삶의 자세

✔ **외부 자극에 민감한 자신을 탓하지 말라**

말과 분위기에 쉽게 흔들리는 성향은 약점이 아니라 특성이다.

✔ **타인의 감정까지 짊어지려 하지 말라**

공감은 중요하지만, 감정의 주인은 각자라는 사실을 기억하라.

✔ **스스로를 지나치게 비판하지 말라**

예민한 사람일수록 때로는 너그러움이 더 필요하다.

✔ **민감한 감정을 억누르지 말고 인정하라**

감정을 억누르지 않고 그대로 받아들일 때 치유된다.

✔ **예민함은 삶을 풍요롭게 만드는 자질이다**

예민함은 깊은 감정, 섬세한 공감, 창의성의 근원이 될 수 있다.

Arthur Schopenhauer

2부

예민함을 장점으로 바꾸는 기술

감수성으로 세상을 풍부하게 느끼는 법

세상을 바라보는 눈은 모두 다르다. 같은 하늘을 봐도 어떤 사람은 날씨를 말하고, 어떤 사람은 빛의 색을 말하며, 또 다른 사람은 그 하늘 아래 선 누군가의 마음을 상상한다. 감수성이 풍부한 사람은 늘 두세 겹의 시선으로 세상을 바라본다. 눈앞에 보이는 것만이 아니라 그 이면에 흐르는 감정과 기류, 말하지 않은 의미까지 자연스럽게 감지한다. 예민하다는 것은 감수성이 발달했다는 뜻이기도 하다. 감정에 민감하고 감각이 섬세한 사람들은 대체로 자극에 쉽게 반응하지만 동시에 더 깊이 느끼는 능력도 가지고 있다. 바로 그 능력이 삶의 풍부함을 만들어낸다.

"세상을 보는 감각의 깊이가 곧 삶의 깊이다."

감수성은 단지 감정적인 특성이 아니다. 그것은 감각을 통해 삶을 넓게 체험하는 능력이다. 바람이 불 때 단지 차갑다고 느끼는 것을 넘어서 그 바람에 스민 계절의 기운을 감지하고, 나무 사이로 스치는 소리에서도 마음이 머물 곳을 찾는다. 어떤 풍경 앞에 멈춰서는 이유도, 어떤 음악에 울컥하는 이유도, 그 모든 것이 감수성 덕분이다.

예민한 사람들은 자주 피로함을 느끼지만 반대로 사소한 일에도 깊은 감동을 느낄 수 있는 사람들이기도 하다. 누군가의 작은 친절에 가슴이 따뜻해지고 오래된 책의 문장 하나에도 깊은 위로를 받는다. 그 감정은 과장된 것이 아니라 세상을 더 섬세하게 받아들이는 내면의 능력이다. 감수성은 우리를 더 약하게 만드는 것이 아니라 오히려 더 살아 있게 만든다. 그렇다면 감수성을 삶의 장점으로 삼기 위해서는 어떻게 해야 할까? 무엇보다 중요한 것은 감정을 억누르지 않고 감각을 믿는 일이다. '이런 기분은 사소한 거야' 하고 넘기기보다 내 안에서 일어난 미묘한 감정의 움직임을 잠시라도 바라보는 것, 그 감정이 어디서 시작됐고 어떤 기억과 연결되는지를 천천히 짚어보는 일, 감수성이란 그렇게 나의 내면과 소통하는 언어가 되며 삶의 풍경을 더 선명하게 만들어준다.

감수성을 풍부하게 유지하기 위해선 일상의 감각을 의식적으로 열어두는 연습이 필요하다. 늘 가던 길에서 새로운 표지판 하나를 발견하고, 익숙한 사람의 말투 속에서도 미묘한 변화에 주목하고, 반복되는 하루 속에서 문득 피어나는 감정을 붙잡는 일. 이런 작은 순간들이 감수성의 결을 다듬는다.

쇼펜하우어는 인간의 삶을 '감각과 기억의 누적된 흐름'이라고 표현했다. 우리가 하루를 살며 느낀 감정과 감각 그것들이 쌓이고 이어져 우리의 세계를 만든다는 뜻이다. 감수성은 그 흐름을 더 느리게, 더 깊이 받아들이는 능력이며 그래서 더 풍성한 삶을 가능하게 한다. 감수성이 많다는 건 피곤한 일이기도 하지만 그만큼 삶이 더 다채롭고 감동적으로 느껴진다는 것이기도 하다. 우리는 그 능력을 억누르지 말고 오히려 확장시키고 활용해야 한다. 그래야만 삶이 단순한 생존이 아니라 감정이 머무는 서사가 될 수 있기 때문이다.

섬세함을 창조성으로 승화시키기

섬세한 사람은 세상을 좀 더 오래 바라본다. 누군가 지나친 장면에 머물러 있고 모두가 흘려보낸 말 속에 남아 있는 감정을 붙잡는다. 눈앞의 것만 보는 것이 아니라 그 안에 담긴 의미와 분위기, 침묵 사이에 흐르는 기류까지 놓치지 않는다. 이런 섬세함은 때로는 불편함을 낳지만 동시에 삶을 창조적으로 바라보는 재능의 토대가 되기도 한다.

창조성은 하늘에서 뚝 떨어지는 능력이 아니다. 그것은 '더 민감하게 보고 느낄 줄 아는 감각'에서 비롯된다. 예술가, 작가, 디자이너, 상담가, 교육자 등 많은 창조적 직업을 가진 이들이 공통적으로 지닌 특징은 바로 이 섬세한 감각의 안테나다. 감정의 미묘한 떨림, 사람과 사람 사이의 공기, 환경의 흐름 등을 놓치지 않는 이 감각이야말로 창조성의 출발점이다. 쇼펜하우어는 예술의 본질을 이렇게 정의했다.

"예술이란, 삶의 고통을 형태로 견디는 방식이다."

그는 예술이 감정의 도피처가 아니라 고통을 받아들이고 변형시키는 도구라고 보았다. 감정이 섬세할수록 그 고통은 더 생생하게 느껴지며 그 고통을 그대로 두지 않고 '표현'이라는 방식으로 다루는 순간 우리는 그것을 창조성으로 바꾸게 된다.

예민한 사람의 섬세함은 쉽게 상처받는 민감함으로 끝나지 않는다. 그 감정의 농도는 높은 공감력과 상상력 그리고 통찰력으로 이어질 수 있다. 같은 상황을 겪어도 더 다채로운 감정의 스펙트럼을 느끼고 복잡한 감정의 구조를 풀어낼 줄 알기에 그들은 이야기꾼이 되고, 창작자가 되고, 감정의 통역사가 된다. 그러기 위해 필요한 건 그 섬세함을 억누르지 않는 것이다. '괜히 별것도 아닌 일에 민감하게 굴었어'라고 자신을 꾸짖는 대신, '나는 이 장면을 이렇게 느꼈구나' 하고 인정하는 연습이 먼저다. 그 감정이 곧 창조성의 재료가 된다. 표현의 형태는 다양하다. 글이 될 수도 있고, 그림이나 음악, 말, 또는 일상의 사소한 행동 하나가 될 수도 있다. 중요한 건 그 감정을 자신만의 방식으로 외부로 꺼내는 것이다. 또한 섬세함은 혼자일 때 더 빛난다. 혼자 있는 시간을 부정하거나 외로움으로만 받아들이지 않고, 내면을 다듬고 사유하는 공간으로 여길 때, 창조성은 천천히 자라난다. 쇼펜하우어 역시 혼자의 시간 속에서 철학을 다듬고 고통을 언어로 풀어냈다.

"가장 섬세한 생각은 침묵 속에서 자라난다."

우리가 너무 소란스러운 세상 속에 있을 때 섬세함은 짐처럼 느껴지지만 조용히 마음을 가라앉히고 나를 들여다보는 시간 속에서는 그 섬세함이 창의력의 연료가 된다.

섬세한 감각을 창조성으로 바꾼다는 건 결국 삶을 그냥 흘러보내지 않고 감정의 결을 따라 살아가는 방식이다. 같은 하루라도 더 깊이 바라보고, 더 많이 느끼고, 그 느낀 것을 어딘가에 새겨두는 일. 그것이 글이든 그림이든, 말이든 행동이든 삶은 그렇게 예민한 사람의 손끝에서 더 의미 있게 재구성된다.

예민함을 자기 성장의 기회로 활용하기

예민한 사람은 늘 마음이 바쁘다. 다른 사람보다 한 발 앞서 상황을 감지하고, 상대의 감정까지 끌어안으며, 자신이 느끼는 감정과도 씨름한다. 하루가 끝나면 온몸이 축 처지고 며칠씩 같은 일을 곱씹으며 스스로를 괴롭히기도 한다. 그래서 예민함은 자주 약점처럼 느껴진다. 하지만 그 감정의 무게를 잘 들여다보면 거기엔 자기 성장의 놀라운 가능성이 숨어 있다.

예민하다는 건 스스로를 자주 되돌아보는 사람이라는 뜻이다. 말실수는 없었는지, 누군가를 상처 입히지 않았는지, 내 감정이 어땠는지. 이런 자문은 피곤하게 느껴질 수 있지만, 동시에 깊은 성찰과 내면의 확장을 이끄는 중요한 힘이 된다.

"고통은 인간을 성장하게 한다. 하지만 고통을 바라보는 태도가 곧 그 사람의 철학이다."

예민한 감정은 우리에게 끊임없이 질문을 던진다. "왜 이렇게 반응했을까?", "왜 이 말에 상처받았을까?", "나는 지금 무엇을 두려워하는 걸까?" 이런 질문에 대답하려면 결국 나 자신을 더 잘 이해해야 한다. 그리고 이 과정은 곧 자기 성찰을 통한 성장으로 이어진다. 자기 감정을 자주 들여다보는 사람은 타인의 감정에도 민감해지고 인간 관계에서도 더 깊은 신뢰를 쌓을 수 있다.

예민함은 외부 자극에 쉽게 반응하는 만큼 자기 내부에 대한 감각도 예민하다. 그래서 몸의 미세한 변화나 마음의 기류를 빠르게 감지하고 필요 이상으로 힘들어지기 전에 자신을 다독일 수 있는 기회를 만든다. 예민한 사람은 아프기 쉬운 만큼 스스로를 돌볼 수 있는 민감한 감각도 지니고 있는 것이다. 이것은 곧 회복탄력성의 또 다른 형태다. 또한 예민함은 배움에 대한 감수성과 연결된다. 감정을 깊이 느낄수록 더 많은 것을 기억하고 한 번의 경험이 더 오랫동안 자신에게 영향을 미친다. 실패에서 더 많은 교

훈을 얻고, 작지만 중요한 신호를 빠르게 포착하기 때문에, 예민한 사람은 시행착오를 줄이고 더 정교하게 성장하는 방향을 잡을 수 있다.

문제는 이 예민함을 '부끄러움'이나 '불편함'으로만 받아들일 때 발생한다. 감정을 억누르거나 회피하려 하면 오히려 감정은 안에서 부풀고 터진다. 반대로 그 감정을 하나의 성장 기회로 인식하면 우리는 예민함을 통해 삶의 전환점을 만들 수 있다. 예를 들어, 반복적으로 비슷한 상황에서 상처받는다면 그 감정을 들여다보고 나의 '경계'가 어디인지 알아보는 것. 그렇게 감정은 나를 지키는 자각으로 이어지고 다음 선택의 기준이 된다.

"고통이 지나간 자리는 지혜가 남는다. 그 자리를 피하지 마라."

이 말은 예민한 사람에게 꼭 필요한 메시지다. 고통을 무조건 피하지 않고 조용히 마주볼 수 있을 때 우리는 더 단단해진다. 그리고 그 단단함은 거칠어지는 게 아니라 오히려 더 부드럽고 유연한 방식으로 자신을 보호할 수 있게 해준다.

예민함은 '성장에 유리한 조건'일 수 있다. 더 많이 보고, 더 많이 느끼고, 더 깊이 생각하기 때문이다. 물론 감정의 소용돌이는 때때로 우리를 지치게 하지만 그 안에는 언제나 배움의 씨앗이 함께 들어 있다. 중요한 건 그 씨앗을 무시하지 않고, 하루하루 감정 속에서 작게나마 자신을 돌보며 살아가는 것이다.

민감한 성향을 자신만의 무기로 만들기

민감하다는 건 자주 상처받고 쉽게 지친다는 뜻이기도 하다. 누군가의 말에 오래 마음이 남고 혼잡한 공간에서 금세 에너지가 고갈된다. 그래서 민감한 사람은 삶을 조심스럽게 살아간다. 사람을 쉽게 믿지 않거나 새로운 환경에 적응하는 데 시간이 걸리기도 한다. 하지만 그 민감함은 단순히 약함이나 불편함이 아니다. 제대로 이해하고 다듬는다면 누구보다 강력한 무기가 될 수 있다.

세상이 원하는 기준은 종종 둔감함에 가깝다. 빠르게 판단하고, 실수를 잊고, 무거운 감정은 털어버리라고 한다. 하지만 민감한 사람은 그렇게 살아갈 수 없다. 감정이 오래 남고, 생각이 깊고, 무엇 하나 가볍게 넘기지 않는다. 바로 그 특성이 섬세한 통찰과 신뢰를 만드는 바탕이 된다. 쇼펜하우어는 인간의 본성 중 가장 소중한 것을 '이해력'이라 말하며 이렇게 덧붙였다.

"세상을 단단하게 만드는 것은 힘이 아니라 깊이 있는 이해다."

민감한 사람은 바로 그 깊이를 타고난 사람이다. 타인의 마음을 먼저 읽고, 말보다 침묵에서 더 많은 것을 감지하며, 사람들의 표정과 분위기 속에서 맥락을 읽어낸다. 이 능력은 조직에서, 관계에서, 창작과 돌봄의 자리에서 누구보다 큰 강점이 된다.

민감함을 무기로 바꾼다는 건 그것을 억누르지 않는다는 뜻이다. 내가 느끼는 감정을 있는 그대로 받아들이고 그 감정의 방향을 잘 다스리는 연습을 하는 것. 불편함을 느낄 때마다 회피하지 않고 '왜 이런 감정이 들었을까?'라고 묻는 습관을 들이면 감정은 방향을 잃은 불안이 아니라 내 삶을 조정하는 나침반이 된다. 또한 민감한 성향은 사람을 깊이 연결하는 힘으로 작용한다. 누군가가 겉으로는 아무렇지 않은 듯 보여도 그 속마음을 눈치채고 먼저 다가갈 수 있는 감각, 무심한 말에도 마음을 헤아릴 줄 알고 누군가의 상처에 조심스럽게 반응할 줄 아는 태도, 이런 사람과 함께 있을 때 우리는 비로소 '이해받고 있다'는 안도감을 느낀다. 민감한 사람은 그 자체로 관계의 중심을 지킬 수 있는 사람이다. 하지만 이 성향을 강점으로 만들기 위해선 몇 가지가 필요하다.

첫째, 경계를 세우는 연습이다. 민감한 사람은 남의 감정을 쉽게 흡수하는 만큼 자신을 잃어버리기 쉽다. 모든 감정을 끌어안는 대신 어디까지가 나의 감정이고 어디부터가 타인의 감정인지 선을 긋는 훈련이 필요하다. 타인의 기분에 휘둘리지 않으면서도 공감할 수 있는 힘 그것이 민감한 사람의 진짜 강인함이다.

둘째, 표현의 방식을 익히는 것이다. 민감한 감정은 속에만 품으면 무거워진다. 글이나 말, 행동이나 창작을 통해 표현할 수 있을 때 그 감정은 힘이 된다. 감정을 나누고, 경험을 공유하며, 자신의 성향을 더 많은 사람과 연결해갈 수 있다면 민감함은 더 이상 혼자의 고립이 아니라 함께 살아가는 감각의 다리가 된다.

"성향은 피할 수 없지만, 그것을 어떻게 다루느냐는 전적으로

자신의 몫이다."

민감한 성향을 무기로 만든다는 건 결국 나를 받아들이는 일에서 시작된다. 누구보다 많이 느끼고, 자주 흔들리고, 깊이 생각하는 그 과정을 스스로 부끄러워하지 않는 것. 그 태도가 우리를 더 자유롭게 하고 자신만의 방식으로 삶을 꾸려갈 수 있게 해준다.

쇼펜하우어에게 배우는
삶의 자세

✔ 섬세한 감수성으로 일상의 아름다움을 포착하라

작은 변화에 반응하는 능력은 세상을 더 깊이 느끼게 해주는 선물이다.

✔ 감정의 깊이를 예술과 창조로 연결하라

글쓰기, 음악, 그림 등 예술적 표현은 예민함을 창조성으로 전환하는 통로다.

✔ 민감한 자아를 있는 그대로 성장의 발판으로 삼아라

감정을 외면하지 말고 성찰의 기회로 활용하면 더욱 성숙해진다.

✔ 예민함을 자기만의 독창적인 무기로 사용하라

타인이 보지 못하는 디테일과 직관은 당신만의 강력한 경쟁력이 된다.

✔ 자기만의 리듬과 공간을 존중하라

예민함은 조용한 환경에서 빛난다. 자신에게 맞는 삶의 방식을 만들어가라.

Arthur Schopenhauer

3부

상처받지 않고 타인과 공존하기

타인의 말과 행동에 덜 휘둘리는 법

예민한 사람은 타인의 말에 더 많이 반응한다. 무심한 한마디, 툭 던진 말투, 뭔가 달라진 태도에 오래 마음을 붙잡힌다. 다른 사람은 금방 잊고 지나갈 일을 예민한 사람은 계속 곱씹는다. 그 말의 진짜 의미는 무엇이었을까, 혹시 내가 실수한 건 아닐까, 마음에 들지 않았던 건 아닐까? 그래서 하루를 살아내는 것조차 때로는 버거운 감정노동이 된다.

"타인의 말은 당신의 내면을 지배할 만큼 큰 것이 아니다. 단지 당신이 그것을 그렇게 키운 것이다."

쇼펜하우어는 타인의 반응보다 중요한 건 그것을 받아들이는 나의 방식이라고 강조했다. 실제로 우리가 상처받는 건 누군가의 말 자체보다 그 말에 의미를 덧붙이고 오랫동안 머릿속에서 반복 재생할 때가 많다.

예민한 사람이 타인의 말에 덜 휘둘리기 위해 가장 먼저 해야 할 일은 상대의 말과 나의 해석을 분리해서 바라보는 연습이다. 누군가가 무뚝뚝하게 인사했다고 해서 반드시 나를 싫어한다는 뜻은 아닐 수 있다. 바쁜 마음이었거나 단지 말투가 그런 사람일 수도 있다. 우리는 타인의 행동을 내 감정의 기준으로 해석하지만 그 해석은 언제나 틀릴 가능성을 품고 있다.

다음으로 중요한 건 자신의 중심을 지키는 연습이다. 감정이 예민한 사람일수록 타인의 평가에 민감해지고 타인의 말 한마디가 나에 대한 '진단'처럼 느껴지기 쉽다. 하지만 누군가의 말은 그 사람의 기분, 관점, 가치관이 섞인 표현일 뿐 나의 전체를 정의할 수 없다. '그건 너의 생각일 뿐이야'라고 속으로 되뇌는 것만으로도 내 마음에 출입문 하나가 생긴다. 그리고 때때로 상대를 이해하려 애쓰지 않아도 괜찮다. 모든 사람을 이해하고 납득하려는 자세는 착해 보일지 모르지만 그 과정에서 자신을 너무 많이 소모하게 된다. 나를 향한 말이 불편했다면 그것을 '상대가 불편하게 말했구나'로 끝내도 된다. 반드시 '왜 그랬는지'를 추적하지 않아도 된다. 상대의 감정을 내가 책임질 필요는 없다.

"사람들은 흔히 말로 진심을 말하지 않는다. 그저 자신을 드러내는 방식일 뿐이다."

우리는 누군가의 말이 진심이라고 착각하지만 사실 그 말은 상대의 감정 상태, 과거의 경험, 혹은 자기 표현 방식일 가능성이 더 크다. 이걸 이해하면 상처받을 일도 줄어든다. 말보다 행동을 판단보다 맥락을 보는 시선이 필요하다.

예민한 사람은 타인의 감정에 쉽게 동조하지만 그 동조가 지나치면 자기 자신을 잃는다. 감정의 공감은 아름다운 능력이지만 그 경계를 넘지 않아야 나를 지킬 수 있다. 타인의 말은 바람과 같다. 때로는 스쳐가고, 때로는 흔들지만, 그 바람이 내 뿌리까지 흔들도록 두어선 안 된다.

덜 휘둘리기 위해선 단단해질 필요가 있다. 하지만 그 단단함은 차갑거나 무심해지는 것이 아니라 나의 내면을 지켜보는 태도에서 오는 여유다. '저 말은 그 사람의 것이고 나는 나의 느낌을 지킬 수 있다.' 이런 태도는 시간이 걸리지만 익숙해지면 마음의 요동이 점점 줄어든다.

감정의 경계를 설정하는 법

예민한 사람에게 가장 어려운 일 중 하나는 자신의 감정과 타인의 감정을 구분하는 일이다. 누군가 슬프다고 하면 금세 같이 마음이 무거워지고 상대가 화가 나 있으면 나도 모르게 움츠러들거나 긴장한다. 좋은 에너지는 물론이고 부정적인 분위기까지 그대로 받아들이는 경우가 많다. 그래서 예민한 사람은 자주 지치고 감정적으로 소진된다. 이유도 모른 채 피곤한 하루의 끝에서 우리는 묻는다. **"내 감정은 도대체 어디서 시작되고, 어디서 끝나는 걸까?"**

감정의 경계란, 어디까지가 나의 감정이고 어디서부터가 타인의 감정인지를 구별하는 감각이다. 이 경계가 불분명하면 우리는 쉽게 감정에 휩쓸리고 자신이 왜 불편한지조차 설명하지 못한 채 마음의 무게를 견디게 된다. 반대로 경계가 선명한 사람은 감정에 쉽게 휘둘리지 않고 필요한 거리는 유지한 채 관계를 조율할 수 있다. 쇼펜하우어는 인간의 고통을 '자신이 아닌 것에 지나치게 관여하려는 태도'에서 비롯된다고 보았다.

"내면이 흐려질수록, 우리는 타인의 감정에 잠식된다."

자신을 지키기 위해서는 '어디까지는 내가 책임질 수 있는 것인지'를 분명히 해야 하며 그 경계를 인식하는 것이 곧 자기보호의 시작이라고 했다. 감정의 경계를 설정하기 위해 가장 먼저 필요한 것은 '감정의 기원'을 묻는 연습이다. 내가 지금 불편한 이유가 진짜 나의 감정 때문인지 아니면 상대의 감정을 내가 끌어안았기 때문인지를 스스로 되돌아보는 것. 회의 중 분위기가 무거워졌을 때 나까지 위축된다면 그 감정은 '나의 것'이라기보다는 상황에서 흡수된 감정일 가능성이 크다.

경계를 지키려면 모든 감정에 반응하지 않는 용기가 필요하다. 상대의 눈치를 너무 자주 살피고 모든 말에 의미를 부여하다 보면 결국 내 감정은 점점 뒤로 밀린다. 중요한 건 '지금 이 순간 내 감정이 어떠한가'를 놓치지 않는 일이다. '그 사람의 기분이 나쁘다고 해서 내가 괜찮지 않아도 되는 건 아니다.' 이 문장을 자주 되뇌면 좋다.

감정의 경계를 세운다는 건 무심해지는 것도 아니고 벽을 쌓는 일도 아니다. 오히려 더 건강하게 공감하고 더 오래 관계를 유지하기 위한 방법이다. 내가 지쳐 있는 상태에서 타인을 위로하려 하면 결국 두 사람 모두 감정적으로 소진된다. 내 감정을 먼저 살피고, 필요할 때는 물러나고, 때로는 감정을 표현하며 나를 알리는 것. 이것이 감정의 건강한 거리를 만드는 방식이다.

감정의 경계를 위해서는 일상의 언어 선택도 중요하다. **"미안해"** 대신 **"지금은 나도 감정이 정리가 안 돼"** 라고 말하고, **"괜찮아"** 대신 **"그 말이 나에겐 조금 무겁게 느껴졌어"** 라고 표현하는 연습. 이렇게 감정을 외부로 표현할 수 있을 때 감정은 안에서 쌓이지 않고 흘러간다. 그리고 그런 표현은 곧 내 감정을 나 스스로 존중하고 있다는 신호가 된다.

쇼펜하우어는 인간이 자기 자신과 분리되지 않을 때 진정한 평온이 시작된다고 했다. 감정의 경계란 결국 자기 자신을 선명하게 인식하고 그 중심에 머무는 연습이다. 이 경계가 단단해질수록 우리는 더 이상 타인의 감정에 침몰하지 않고 관계 안에서도 흔들리지 않는 자신으로 설 수 있다.

타인과의 관계에서 자기 보호법

예민한 사람에게 인간관계는 양날의 칼처럼 느껴진다. 가까워지면 더 깊이 공감하고 애쓰게 되지만 그만큼 쉽게 상처받기도 한다. 누군가의 표정이 달라졌다는 이유만으로 마음이 무너지고 지나간 대화의 단어 하나에 오래 마음이 남는다. 그래서 때로는 혼자인 게 더 편하다고 느끼고 관계에서 서서히 거리를 두게 된다. 하지만 우리는 누구도 완전히 혼자 살아갈 수 없다. 결국 문제는 사람과 함께하면서도 어떻게 나를 지켜낼 수 있을까라는 물음으로 귀결된다.

자기 보호는 이기적인 태도가 아니다. 오히려 건강한 관계를 지속하기 위한 기본이다. 감정적으로 예민한 사람은 특히 자신의 감정을 세심하게 살피고 관계에서 너무 무리하지 않는 기술이 필요하다.

"타인의 기대 속에 살다 보면, 어느새 자신의 삶은 사라진다."

쇼펜하우어는 '자기 자신을 잃지 않는 것'을 관계 안에서의 가장 중요한 덕목으로 보았다.

자기 보호의 첫번째는, '무조건 맞추려는 습관'을 의식하는 것이다. 예민한 사람은 갈등을 피하려는 성향이 강해 종종 자신의 감정을 억누르고 상대의 요구에 무작정 맞추려 한다. 처음에는 괜찮은 것 같지만 시간이 지나면 감정이 누적되고 피로감이 쌓인다. 결국 관계는 부자연스러워지고 자신은 점점 더 지쳐버린다.

두 번째는, 자신의 필요를 분명히 표현하는 연습이다. 많은 예민한 사람들은 **"이 정도는 말하지 않아도 알아주겠지"** 라고 기대하지만 상대방은 알지 못한다. 필요한 말은 조심스럽게라도 꺼내야 한다. **"나는 이럴 때 조금 부담을 느껴"**, **"그 말이 나에게는 좀 무겁게 다가왔어"** 같은 문장은 관계를 멀어지게 하는 게 아니라, 서로를 더 명확하게 이해하게 만드는 연결점이 된다.

자기 보호는 때로 관계를 선별하는 용기를 필요로 한다. 모두와 잘 지내야 한다는 강박에서 벗어나, 나와 잘 맞는 사람, 나를 존중해주는 사람과의 관계에 집중하는 것. 모든 사람에게 좋은 사람이 되려 할수록 우리는 누구에게도 진심을 다하기 어려워진다.

"모두를 기쁘게 하려는 사람은, 아무에게도 깊어질 수 없다."

나를 소중히 여기는 사람에게 에너지를 쓰고 그렇지 않은 관계에선 물러나는 것. 그것이 자기 보호의 실천이다. 또한, 혼자의 시간을 온전히 지키는 것도 자기 보호의 중요한 방식이다. 타인의 감정에 민감하게 반응하는 사람일수록 일정한 거리를 유지하고 에너지를 회복할 수 있는 혼자만의 시간이 꼭 필요하다. 그 시간을 죄책감 없이 누릴 수 있어야 한다. 외롭지 않기 위해 관계에 머무는 것이 아니라 온전한 나로 서기 위해 나만의 공간을 마련하는 것. 자기 보호는 관계를 끊는 게 아니다. 오히려 나를 지키면서 관계를 유지하는 기술이다. 내가 나를 지켜야 상대도 나를 존중하게 된다. 내가 무너지지 않아야 오래도록 건강한 관계를 유지할 수 있다. 그래서 자기 보호는 결국 타인을 위한 길이기도 하다.

예민한 사람이 현명하게 거절하는 법

예민한 사람에게 '거절'은 가장 어려운 말 중 하나다. 누군가의 부탁을 거절하면 미움받을까 두렵고 기대를 저버리면 죄책감에 시달리기도 한다. 그래서 원하지 않는 자리에 나가고 하기 싫은 일을 억지로 맡는다. 겉으로는 아무렇지 않은 듯 웃고 있지만 마음속에서는 수없이 자신을 타이른다. **"이 정도는 참아야지. 그래도 거절하면 상처받을 거야."** 그러나 그렇게 자신을 누르고 타인을 우선시하다 보면 결국 마음은 지치고 감정은 고갈된다. 예민한 사람일수록 거절을 잘하지 못하면 쉽게 번아웃에 빠지거나 사람과의 관계 자체가 버거워진다. 그렇기에 거절은 단순한 기술이 아니라 스스로를 지키는 정당한 권리이자 삶의 균형을 위한 선택이다. 쇼펜하우어는 인간이 타인의 인정을 갈망할수록 자신을 점점 잃어간다고 보았다.

"모든 친절이 미덕이 되는 것은 아니다. 때로는 단호함이 더 깊은 존중을 만든다."

쇼펜하우어는 거절이 관계를 해치는 것이 아니라 오히려 건강한 경계를 세우는 행위일 수 있다는 점을 일깨워준다. 예민한 사람이 거절을 어렵게 느끼는 이유 중 하나는 상대의 감정을 너무 잘 읽기 때문이다. 부탁을 받는 순간 상대의 기대, 감정, 실망 가능성까지 한꺼번에 떠오른다. 그리고 그 감정들을 내가 모두 책임져야 할 것처럼 느낀다. 하지만 감정은 각자의 몫이다. 상대가 느낄 실망까지 내가 떠안을 필요는 없다.

현명한 거절의 첫걸음은 거절이 곧 부정이나 거부가 아니라는 인식이다. 많은 사람들이 '거절 = 관계의 단절'이라고 오해한다. 하지만 사실 거절은 **"나는 지금 이건 어렵지만, 당신과의 관계는 여전히 소중해"**라는 메시지가 될 수도 있다. 중요한 건 말의 방식과 태도다. 감정을 상하지 않게 하면서도 내 입장을 분명히 하는 표현, 그것이 현명한 거절의 핵심이다.

예를 들어, **"지금은 내 일정상 힘들 것 같아"**라거나 **"그 제안은 고맙지만, 지금 내 에너지로는 잘 해낼 자신이 없어"**와 같이 말할 수 있다. 상대의 감정을 배려하되 내 감정도 함께 존중하는 방식이다. 솔직함과 친절함은 언제나 동시에 존재할 수 있다. 거절이 어려울수록 시간을 벌어보는 말을 활용하는 것도 좋은 방법이다. **"조금만 생각해보고 연락 줄게"**, **"한번 검토해보고 이야기 나누자"** 같은 말은 즉각적인 대답의 부담을 덜어주고 감정적인 동요 없이 내 입장을 정리할 시간을 확보하게 해준다. 감정이 예민할수록 이 여유가 꼭 필요하다.

중요한 건 거절을 연습해야 익숙해진다는 점이다. 처음부터 완벽한 거절은 없다. 하지만 거절할 때마다 내가 한 발 더 나를 지키는 법을 배우고 관계 안에서도 무리하지 않는 소통의 기술을 익히게 된다. 그리고 어느 순간 사람들은 나를 '단호하지만 예의 있는 사람'으로 기억하게 된다.

쇼펜하우어는 인간관계의 본질은 '명확함'이라고 했다. 거절도 명확해야 한다. 미안함으로 얼버무리고 마음에도 없는 수락을 반복하다 보면 결국 내 감정은 뒷전으로 밀리고 만다. 명확하게 그러나 따뜻하게 말하는 법. 그것이 예민한 사람에게 가장 필요한 커뮤니케이션의 무기다.

"나는 거절할 줄 아는 사람이 되고 싶다. 누군가의 기대를 모두 안고 살아가기보다, 내 감정을 정직하게 표현하며 건강한 관계를 지켜가고 싶다. 거절은 이기적인 것이 아니라, 나와 너 모두를 위한 용기다."

쇼펜하우어에게 배우는
삶의 자세

✔ **타인의 말과 행동에 과도하게 반응하지 말라**

누군가의 말은 그 사람의 감정일 뿐, 나의 진실은 아니다.

✔ **감정의 경계를 분명히 설정하라**

타인의 감정은 공감하되, 그 무게까지 짊어질 필요는 없다.

✔ **스스로를 보호하는 관계의 거리감을 유지하라**

가까운 관계일수록 나를 지킬 수 있는 경계가 더욱 필요하다.

✔ **거절은 나를 지키는 중요한 표현이다**

모든 부탁에 'Yes' 하지 말고, 단호한 'No'의 용기를 가져라.

✔ **관계 속에서 내면의 중심을 놓치지 말라**

타인과 연결되더라도, 자신의 감정과 가치를 기준으로 한다.

Arthur Schopenhauer

4부

쇼펜하우어가 말하는 내면의 평화

예민한 사람들이 반드시 가져야 할 마음가짐

예민한 사람은 세상의 소리에 더 민감하다. 누군가의 말에 오래 상처받고 작은 갈등에도 며칠을 끙끙 앓는다. 복잡한 공간에 오래 머무르면 쉽게 지치고, 과도한 정보에 쉽게 압도된다. 그래서 종종 이런 생각이 들기도 한다. **"내가 너무 유난스러운 건 아닐까?"** 그럴 때일수록 꼭 새겨야 할 말이 있다. 예민함은 결코 약점이 아니다. 단지 더 많은 것을 감지할 수 있는 능력이며 그만큼 마음을 지켜내는 기술이 더 많이 필요하다는 뜻일 뿐이다.

쇼펜하우어는 인간 내면의 고통이 외부 자극 때문이 아니라 자기 내면을 다스리지 못하는 데서 비롯된다고 보았다.

"고통은 사건 자체가 아니라, 그것을 받아들이는 마음의 방식에 따라 달라진다."

예민한 사람에게 가장 필요한 것은 이 '마음의 방식'을 단단하게 세우는 일이다. 외부 세계는 우리가 통제할 수 없다. 하지만 그 세계를 받아들이는 자세는 충분히 훈련할 수 있다.

첫번째는 스스로에게 관대해지는 것이다. 예민한 사람은 자주 자기감정에 민감한 만큼 자기비판에도 예민하다. "왜 또 이렇게 신경을 썼을까", "그 말에 이렇게까지 흔들릴 일이었나"라며 스스로를 다그친다. 하지만 감정은 잘잘못의 대상이 아니다. 그것은 그저 일어나는 것이고 자연스러운 반응일 뿐이다. "나는 지금 이런 감정을 느끼고 있구나." 이 한마디를 자신에게 건네는 것 그것이 내면의 평화를 위한 시작이다.

두번째는 타인의 시선에서 나를 분리하는 마음가짐이다. 예민한 사람은 타인의 말과 감정에 쉽게 반응하며 자신도 모르게 상대의 감정에 휘둘린다. 하지만 모든 시선에 반응하며 살다 보면 내 감정의 중심을 잃게 된다.

"자신을 지키려는 사람은 세상의 소음에 귀 기울이지 않는다."

이 말은 냉정해지라는 뜻이 아니다. 오히려 자기 안의 고요를 먼저 챙길 수 있을 때 세상의 말들에 흔들리지 않고 자신의 감정에 충실해질 수 있다는 것이다.

무엇보다 예민한 사람에게 중요한 건 삶의 리듬을 자신에게 맞게 조절하는 용기다. 남들과 똑같이 바쁘고, 활발하고, 사교적인 삶을 살아야만 '정상'이라고 여기는 사회에서 예민한 사람은 자주 '부족한 사람'처럼 느껴진다. 하지만 그건 기준이 잘못된 것이다. 누구나 각자의 감정적 리듬이 있고 예민한 사람은 조금 더 천천히 조금 더 깊게 느끼는 삶이 어울릴 뿐이다. 그래서 예민한 사람이 반드시 가져야 할 마음가짐은 '자신을 있는 그대로 받아들이는 용기'다. 덜 느끼려고 애쓰지 말고, 더 무뎌지려고 애쓰지 말고, 지금 이 감정의 결을 존중하는 것. 그렇게 내 마음을 다정하게 바라볼 수 있을 때 우리는 비로소 외부 자극과 거리를 두고 내면의 평화를 조금씩 되찾을 수 있다.

감정은 파도처럼 밀려왔다가 이내 잦아든다. 중요한 건 그 파도에 휩쓸리는 것이 아니라 그 위에 작은 배처럼 마음의 균형을 잡고 서 있는 자세다. 그것이 예민한 사람의 인생을 부드럽게 지탱해줄 내면의 중심이 된다.

예술과 자연을 통한 마음의 평온 찾기

예민한 사람에게 세상은 종종 시끄럽고 복잡하게 다가온다. 지나치게 많은 자극, 빠른 변화, 끊임없는 소음 속에서 마음은 금세 소진되고 감정의 파도는 하루에도 몇 번씩 넘실거린다. 그럴수록 우리는 조용히 물러나 마음을 내려놓을 수 있는 공간이 필요하다.

그 공간은 때때로 말보다, 사람보다, 예술과 자연 안에서 더 깊고 평화롭게 다가온다. 쇼펜하우어는 예술과 자연을 인간의 고통을 잠시나마 멈추게 하는 '순수한 관조의 시간'이라 불렀다.

"예술은 삶의 고통을 초월하게 해주며, 자연은 인간의 내면을 고요하게 가라앉힌다."

이 말처럼 예술과 자연은 예민한 사람에게 있어 감정을 회복시키고 내면을 정돈하는 가장 깊은 안식처가 된다. 음악을 들을 때 눈물이 흐르고 그림 한 점 앞에서 오래도록 멈춰서는 순간들. 바람결에 흔들리는 나뭇잎, 조용히 물결치는 강물, 해 질 무렵 붉게 물든 하늘 이 모든 것들은 우리에게 이유 없는 평온을 선물한다. 그것은 '의미를 해석하려 하지 않아도 되는' 순간이며 '존재 그 자체만으로도 위로가 되는' 시간이다.

예민한 사람은 감각이 열려 있기 때문에 예술과 자연의 메시지를 더 깊이 받아들일 수 있다. 음악의 리듬 속에서 감정을 정리하고 풍경의 변화 속에서 마음의 속도를 조율한다. 말이 필요 없는 위로가 주어질 때 비로소 감정은 스스로 가라앉고 내면은 자연스러운 균형을 찾아간다.

예술을 감상한다는 것은 단지 '멋지다'고 느끼는 것이 아니라 자신의 감정을 다른 형태로 바라보는 일이기도 하다. 영화의 한 장면 속에서 나를 발견하고, 소설 속 인물의 고백에 공감하며, 익숙한 음악을 통해 잊고 있던 감정을 꺼내보는 순간들. 이처럼 예술은 내면의 거울이 되어 주고 말로 표현하지 못한 감정을 다정하게 비추어준다.

자연 또한 마찬가지다. 특별히 설명되지 않아도 되는 존재인 자연은 그저 '그 자리에 있는 것'만으로도 사람을 편안하게 만든다. 나무는 조언하지 않지만 곁에 서 있으면 마음이 고요해지고, 바다는 아무 말도 하지 않지만 그 물결을 보고 있으면 내 감정이 다시 숨을 쉬기 시작한다.

예민한 사람에게 필요한 건 스스로를 덜어내는 시간이다. 자극을 줄이고, 의미를 강요하지 않는 환경 속에서 감정은 자연스럽게 정리되고 삶은 다시 부드러운 흐름을 회복한다. 그런 시간은 애써 만들어야만 생긴다. 매일 바쁘게 달려가는 일상 속에서는 결코 저절로 찾아오지 않는다. 의식적으로 멈추고 감각을 예술과 자연 쪽으로 돌릴 줄 아는 연습이 필요하다.

쇼펜하우어는 '가장 깊은 위안은 침묵 속에서 온다'고 했다. 예술과 자연은 말이 없다. 하지만 그 침묵 속에는 감정을 보듬는 조용한 다정함이 담겨 있다. 그 다정함에 마음을 맡기는 시간은 외롭지 않게 혼자 있는 법을 배우게 하고 내면을 정리하며 평온에 이르게 한다.

감정의 파도를 잠재우는 내적 훈련

예민한 사람에게 감정은 파도처럼 밀려온다. 사소한 말에 마음이 흔들리고, 누군가의 표정 하나에도 오랫동안 생각이 멈추지 않는다. 그 감정은 한 번 치고 지나가는 물결이 아니라 하루 종일 마음을 잠기게 만드는 파도가 되곤 한다. 그래서 예민한 사람에게 가장 중요한 건 바로 그 감정의 파도를 스스로 잠재울 수 있는 내면의 힘이다. 쇼펜하우어는 감정에 대해 이렇게 말했다.

"감정은 삶의 흐름 속에서 피할 수 없는 물결이다. 그러나 그 물결에 빠질지, 그 위에 뜰지는 오직 나의 내면에 달려 있다."

쇼펜하우어의 말처럼 감정을 없앨 수는 없지만 감정에 휘둘리지 않을 수는 있다. 그리고 그 힘은 타고나는 것이 아니라 훈련을 통해 천천히 길러지는 내적 습관이다.

내면을 다스리는 첫 번째 훈련은 감정을 즉시 판단하지 않는 것이다. 우리는 감정이 올라오면 곧바로 '이건 나쁘다', '왜 이런 기분이 들지'라고 해석하려 한다. 하지만 감정은 날씨처럼 흘러가는 것일 뿐 정답이 필요한 문제가 아니다. 감정이 올라왔을 때 가장 먼저 할 일은 그저 바라보는 일이다. **"아, 내가 지금 불안하구나.", "이 상황이 나에게 이렇게 반응을 일으켰구나."** 이렇게 감정을 '이해하려는 태도'로 맞이하면, 감정은 더 이상 나를 휘감지 않는다.

두 번째는 호흡과 몸의 감각으로 감정을 가라앉히는 방법이다. 예민한 사람은 감정을 주로 머릿속에서 처리한다. 그래서 생각이 꼬리에 꼬리를 물고 감정을 키운다. 이럴 때 가장 좋은 방법은 몸의 감각으로 시선을 옮기는 것이다. 깊은 숨을 들이마시고 내쉬며 가슴이 어떻게 움직이는지 손끝이 얼마나 긴장되어 있는지를 인식하는 것. 몸의 리듬을 인지하면 감정은 더 이상 추상적인 괴물이 되지 않고 몸 안에서 천천히 다루어지는 실제 감각이 된다.

또 하나의 중요한 훈련은 생각을 멈추는 연습이다. 예민한 사람은 감정을 넘어서 감정에 대해 '생각'하기를 좋아한다. **"왜 이렇게 느꼈을까"**, **"상대는 무슨 뜻이었을까"**, **"앞으로 어떻게 해야 하지?"** 이런 생각은 때로 도움이 되지만, 대부분은 불안을 증폭시키는 고리가 된다. 이럴 땐 감정을 분석하기보다 그냥 '지켜보는 연습'을 해보자.

"고요는 외부의 정적이 아니라, 내면의 침묵에서 비롯된다."

내면의 훈련이란 감정을 억누르거나 외면하는 것이 아니라 감정이 일어나는 방식을 이해하고 그 흐름에 휩쓸리지 않는 마음의 자세를 갖추는 것이다. 감정은 언제나 나를 찾아오겠지만 그것을 어떻게 대하느냐는 전적으로 나에게 달려 있다. 매번 요동치는 감정 속에서 중심을 잡고 서 있으려면 하루에 단 몇 분이라도 조용히 나를 들여다보는 시간을 가져야 한다.

예민함은 감정을 더 예민하게 만들지만 동시에 감정을 더 정교하게 다스릴 수 있는 가능성도 함께 품고 있다. 스스로를 훈련할 수 있다면 예민함은 고통이 아니라 깊은 평온에 이르는 문이 되어준다.

자기 자신과 화해하며 살아가는 법

예민한 사람은 자신을 자주 탓한다. '너무 깊이 느끼는 것 같아', '너무 많이 흔들리는 것 같아', '너무 쉽게 상처받는 것 같아' 그래서 스스로에게 말한다. **"왜 이 정도도 못 견디지?", "왜 이렇게 피곤하게 살아갈까?"** 그렇게 자책하는 마음은 점점 자신을 몰아세우고, 결국 자기 자신과 멀어지게 만든다. 하지만 누구보다 섬세하게 세상을 살아가는 사람에게 가장 필요한 건 자신과의 화해다.

"자신을 온전히 받아들이지 못하는 사람은, 평온한 삶의 문턱에 들어서지 못한다."

그의 말처럼 내면의 평화는 '어떻게 살아야 하는가'에 대한 정답을 찾는 것이 아니라 지금의 나를 어떻게 바라보느냐에서 시작된다. 예민함을 받아들이지 못하면 삶은 늘 저항과 회피로 가득하게 된다. 하지만 그 예민함을 있는 그대로 품을 수 있을 때 우리는 비로소 자신 안에서 쉴 수 있다.

자기 자신과 화해한다는 건 과거의 실수나 실패를 더는 들춰보지 않는 것이다. **"그때는 어쩔 수 없었지", "그 나름의 이유가 있었어"** 라고 말해주는 연습이 필요하다. 감정이 복잡했던 날도, 말을 아끼지 못했던 순간도, 너무 많은 것을 참았던 시간도 모두 그때의 나로서는 최선을 다했던 결과였다는 사실을 인정해야 한다.

화해는 용서가 아니고 이해다. 그리고 이해는 판단이 아니라 공감에서 시작된다. 내 안의 어린 마음, 과하게 반응했던 순간, 괜히 울컥했던 감정에도 **"그럴 수 있어"**라고 말해주는 것. 그렇게 내 감정을 다그치지 않고 바라볼 수 있을 때 우리는 조금씩 자신에게 따뜻해진다. 또한 자기 자신과 화해하는 것은 있는 그대로의 나를 삶 속에 들이는 일이다. 더 강해지려고 애쓰기보다 지금의 나를 이해하고 도와주는 방식으로 살아가는 것. 사람들과의 관계에서 너무 힘들다면 혼자의 시간을 더 늘려도 좋고 감정이 자주 흔들린다면 더 자주 멈춰서 쉬어도 좋다. 우리는 완벽해질 필요가 없다. 단지 자기 자신을 거부하지 않을 수 있으면 된다.

 쇼펜하우어는 인간의 고통 중 가장 깊은 것은 '자신으로부터의 소외'라고 했다. 그의 말처럼 예민한 사람에게 진짜 필요한 것은 세상에 잘 맞추는 법이 아니라 자신에게 잘 어울리는 삶의 방식을 찾는 일이다. 자기 안의 목소리를 억누르지 않고, 감정의 흐름을 이해하며, 과거의 선택까지 품어줄 수 있는 태도. 그것이 바로 화해의 길이다. 그리고 화해는 늘 조용히 찾아온다. 어느 날 문득, 지나간 일들을 생각하면서도 마음이 그리 무겁지 않을 때. 누군가에게 서운했지만 금세 이해가 되었을 때. 그리고 무엇보다 나 자신에게 **"수고했어"**라고 말할 수 있게 되었을 때. 그때 우리는 알게 된다.

 "아, 나는 나와 조금 가까워졌구나"

쇼펜하우어에게 배우는
삶의 자세

✔ **예민함을 억누르지 말고 있는 그대로 받아들여라**

민감한 감정은 결함이 아니라 삶을 깊이 느끼는 능력이다.

✔ **예술과 자연을 일상의 안식처로 삼아라**

음악, 글쓰기처럼 감정을 안정시켜주는 도구를 가까이 두라.

✔ **감정에 휘둘리지 않도록 내면의 훈련을 하라**

명상, 호흡, 자기 대화로 감정의 파도를 차분히 다스려야 한다.

✔ **자기 자신에게 관대해지는 연습을 하라**

실수와 부족함까지도 끌어안는 태도가 진정한 평화로 이어진다.

✔ **삶을 완성해가는 과정으로 바라보라**

지금 이 순간의 감정과 모습조차도 성장의 일부로 받아들이자.

Arthur Schopenhauer

epilogue
에필로그

》 있는 그대로의 나로 살아간다는 것

우리는 때로 너무 많은 것과 싸우며 살아간다. 타인의 말, 세상의 기준, 끝없이 올라오는 감정, 그리고 무엇보다도 자신에 대한 불만과 실망과 '더 강해져야 해', '이 정도로 힘들어하면 안 돼', '왜 나는 이렇게 예민할까'.

이런 말들을 마음속에 반복하며, 오늘도 스스로를 달래고 다그치고, 어딘가로 억지로 걸음을 옮긴다. 하지만 정말 그래야만 할까? 정말 더 단단해지고, 더 둔감해지고, 더 멀쩡한 척해야만 어른이 되는 걸까?

쇼펜하우어의 철학은 우리에게 위로가 된다. 삶은 원래 불완전하며 인간은 불안하고 흔들리는 존재라고. 그러니 힘들어하는 나 자신을 이해하고 수용하는 일이야말로 가장 철학적인 태도이며 가장 인간다운 선택이라고. 이 책은 바로 그 한마디를 전하고 싶었다.

》 당신은 괜찮다고.

지금 느끼는 감정이 너무 많아도, 조금 더디고 복잡해도, 그 모든 것이 당신이라는 한 사람의 깊이를 말해주는 것이라고.

예민하다는 것은 약함이 아니라 삶을 더 예민하게 살아내고 있다는 증거이며 느린 것은 무딘 것이 아니라 더 신중하게 살아가려는 몸의 리듬일지도 모른다고.

우리는 모두 다른 속도로 살아간다. 누군가는 빠르고 강하게, 누군가는 느리고 조용하게. 중요한 건 세상의 속도에 나를 끼워 맞추는 것이 아니라 나만의 속도로도 충분히 살아갈 수 있다는 믿음을 갖는 것이다. 그리고 그 믿음은 나를 탓하는 데서 오지 않는다. 내 안의 고통과 화해하고, 내 감정과 나란히 걷고, 내 삶을 스스로 다정하게 바라볼 수 있을 때에야 비로소 시작된다.

삶은 때때로 고통스럽고, 인간관계는 어렵고, 감정은 설명되지 않을 만큼 복잡하다. 하지만 그 안에서도 우리는 매일같이 자라나고, 깨닫고, 견디고, 때로는 웃는다. 그러니 쇼펜하우어의 말처럼 완벽해지려는 대신 있는 그대로의 나를 조금 더 잘 알아주고 더 잘 돌봐주는 일이면 충분하다.

이 책을 덮는 이 순간, 독자인 당신이 스스로에게 이렇게 말할 수 있기를 바란다.

"나는 지금 이대로 괜찮다. 감정을 느끼는 나도, 혼자 있고 싶을 때의 나도, 남들보다 조심스럽고 흔들리는 나도 모두 내 삶의 일부다. 나는 나를 탓하는 대신, 오늘부터 나와 함께 살아가겠다."

이 책이 당신의 마음에 조용한 평온의 한 조각으로 남기를 바란다. 그리고 앞으로의 날들 속에서 당신이 조금 더 자신에게 따뜻해지기를 진심으로 응원한다.

쇼펜하우어가 말하는
이렇게 살아도 괜찮다

초판 1쇄 발행 2025년 7월 31일
초판 2쇄 발행 2025년 10월 10일

원저자	쇼펜하우어
지은이	제이한, 민유하

발행인	박용범
펴낸곳	리프레시

출판등록	제 2015-000024호 (2015년 11월 19일)
주소	경기 의정부시 평화로 471, 4층 418호
전화	031-876-9574
팩스	031-879-9574
이메일	mydtp@naver.com

편집책임	박용범
디자인	리프레시 디자인팀
마케팅	JH커뮤니케이션

ISBN 979-11-992340-7-9

* 이 책에 실린 글과 사진의 무단 전재나 복제를 금합니다.